Thomas Brockmann

Schummeln aber richtig

Lehrbuch für den routinierten Täuschungsversuch

Viel Spaß beim Verschlingen dieser Lektüre wünscht Ihnen Thomas Brockmann

Eichborn Verlag

für Pusch

Über dieses Buch

Wer nicht in der Schule schummelt, ist selbst dran schuld. Meisterschummler Brockmann hat hier alle machbaren Tricks versammelt — die natürlich individuell abgewandelt werden können.
Eine Bitte, liebe Leser/innen: Sollte der Autor trotz jahrelanger Übung und Recherchen den einen oder anderen praktikablen Trick nicht entdeckt haben — für weitere Auflagen dieses Büchleins sind wir für jede aufklärende Hilfe dankbar. **(Eichborn Verlag, Sachsenhäuser Landwehrweg 293, 6000 Ffm. 70)**
Und wer in der Schule scheitert, d.h. sich erwischen läßt, dem empfehlen wir unser »neues Lexikon der Niederlagen« — weil's Spaß macht, über die Niederlagen anderer zu lachen (dann erträgt man die eigenen leichter).
Noch ein Buchtip aus dem Eichborn Verlag: »Bürokrauts, wir kommen". Ebenso subversiv wie schummeln, fordert es auf, sich mit dieser seltsamen Spezies Mensch in Ämtern und Institutionen anzulegen — im fröhlichen Bürokraten-ärger-Spiel.
Weitermachen!

März 1984

CIP-Kurztitelaufnahme der Deutschen Bibliothek
Brockmann, Thomas:
Schummeln, aber richtig: Lehrbuch für d. raffinierten Täuschungsversuch / Thomas Brockmann. — Frankfurt am Main: Eichborn, 1984.
ISBN 3-8218-1024-6

 · Schutzumschlag: Lenke/Gruhle · Gesamtherstellung: Fuldaer Verlagsanstalt GmbH · Printed in Germany · ISBN 3-8218-1024-6 · Verlagsverzeichnis schickt gern: Eichborn Verlag, D-6000 Frankfurt 70

Gespicktes

Schon im alten Griechenland
Schrieb man Zeilen in die Hand.
Später dann im klugen Rom
Kaufte man sich sein Diplom.
Auch in Frankreich hörst du leise:
Spicken muß sogar der Weise.
Die höchste Kunst jedoch, die Spitze,
Besteht im Schummeln mit Matrize.
Lehrer, Doktor, Herr Assessor,
Häufig sogar als Professor,
Prahlen sie geeint im Ton:
Schummelt ihr, dann merk ich's schon!
Jeder eine Einzelzelle,
Untersucht bis auf die Pelle.
Schüler, helft euch aus der Not,
Spickt auch euer Butterbrot.
Lehrer, selber Schwerenöter,
Sieht man nun vor Wut noch röter.
Leise schleicht er durch den Raum,
Gummisohlen hört man kaum,
Macht bei einem Laien halt,
Diesem wird ganz heiß und kalt,
Den Spicker in die Faust geballt.
Indes ein zweiter frohen Mutes,
Erhält von vorn und hinten Gutes!
Ein dritter scheint ganz tief versunken,
Es täuscht jedoch, er läßt sich funken!
Ja, die Welt ist eine schlechte,
Schummeln muß auch der Gerechte.
Somit schließt sich dann der Kreis,
Doch eins steht fest: DAS SPIEL IST HEISS!

Inhaltsverzeichnis

Einleitung

Dieses Buch darf keineswegs falsch verstanden werden. Es handelt sich nicht etwa um einen Aufruf zum professionellen Schummeln. Nein, dies wäre allein rechtlich schon nicht vertretbar. Auch handelt es sich hier nicht um ein vom Kultusministerium empfohlenes Lehrbuch. Vielmehr hat der Autor nach Abitur, Lehre und Studium begonnen, seine schulische Karriere Revue passieren zu lassen und die Wege des Erfolges aufzuarbeiten. Durch seinen Besuch an insgesamt neun »Leer-Anstalten« wird zwar kein repräsentativer Querschnitt abgedeckt, jedoch dürften die so erworbenen Fachkenntnisse ausreichen, um ein umfassendes Bild vom Schummeln darstellen zu können.

Wer sich durch die geschilderten Tricks und Kniffe animiert fühlen sollte, es selbst einmal auszuprobieren, jedoch seine Zweifel an der Durchführbarkeit hat, kann beruhigt werden: Sämtliche dargestellten Möglichkeiten sind praxisbewährt!

Abschließend soll noch bemerkt werden, daß der Autor durch erwischte Schüler und Studenten nicht haftbar gemacht werden kann. Ebenso zwecklos ist es, den Verfasser durch Regressansprüche für eventuelle Herzinfarkte von Lehrer- oder Dozentenseite belangen zu wollen.

Ansonsten wünscht der Autor viel Spaß beim Verschlingen dieser brisanten Lektüre und hofft, daß der Leser diesem starken Tobak gewachsen ist.

I. Grundsätzliches

1.1. Schummeln — warum eigentlich?

Das Schummeln oder, wie es bei den Lehrern heißt, der Täuschungsversuch ist keineswegs etwas Neues. Schon zu Urgroßvaters Zeiten wurde geschummelt, und so mancher Enkel hat von seinem Opa wertvolle Tips über das Spicken erfahren (was natürlich nicht unbedingt im Sinne der Eltern war). Nein, auch Lehrer sind keine anderen Schüler gewesen! Gespickt hat wohl jeder einmal; und so mancher Pauker, der heute als »scharfer Hund« verschrieen ist, war als Pennäler selbst ein »Trickser«.

Gründe fürs Schummeln gibt es eigentlich eine ganze Menge, doch wesentlich ist wohl der eine: Der Stoff — oder ein Teil des Stoffes — ist noch nicht im Kopf, ergo muß das Wissen auf den Zettel! In welcher Form und in welchem Maß nun geschummelt wird, ist abhängig von vielen Fakoren:

1. Was weiß ich, und was fehlt mir noch?
2. Wie umfangreich ist der Stoff, der auf den Schummelzettel muß?
3. Welche Möglichkeiten des Schummelns bestehen vor Ort?
4. Welche Verfahren bin ich bereit anzuwenden?

Diese Punkte werden in den folgenden Kapiteln noch ausführlich behandelt.

Es gibt verschiedene Möglichkeiten, zum prekären Thema des Schummelns zu stehen. Richtig ist in jedem Fall die Kritik, daß durch das Spicken diejenigen Schüler oder Studenten benachteiligt werden, die ohne Täuschungsversuch ihre Klausur oder Arbeit schreiben. — Hochtrabend formuliert: Die Wettbewerbschancen werden verzerrt, und die sogenannte Chancengleichheit ist nicht mehr gewährleistet. Doch tauchen mit dieser Kritik auch Fragen auf: Wird denn tatsächlich nicht geschummelt, wenn ich es als einzelner bleiben lasse? Ist die Entscheidung fürs Schummeln nicht genauso freiwillig und al-

len zugänglich wie das »ehrliche« Schreiben? Wo bleibt denn die Chancengleichheit, wenn einzelnen Schülern Nachhilfelehrer und einzelnen Studenten Repetitoren zur Verfügung stehen? Ist Schummeln nicht eine Form des Wettbewerbs, mit der wir in unserer Leistungsgesellschaft alltäglich konfrontiert werden? Es gibt also verschiedene Möglichkeiten, das Problem zu betrachten.
Tatsache bleibt: *Wer schummelt, tut dies freiwillig.* Das bedeutet aber auch, da es als offizielle Lernmethode noch nicht zugelassen ist, daß man die Konsequenzen für sein Handeln zu tragen hat. Im positiven Fall hat man eine gute Arbeit geschrieben oder die Klausur bestanden. Im negativen Fall ist man erwischt worden, durchgefallen oder vielleicht sogar von den Paukern geächtet. Doch eines muß an dieser Stelle deutlich gesagt werden: Wer sich erwischen läßt, ist selber schuld und kann niemanden, außer sich selbst, dafür verantwortlich machen. Er sollte entweder mehr üben, ein anderes Verfahren wählen — oder, als letzte Möglichkeit, den Stoff lernen (was unter Tricksern allerdings sehr verpönt ist).

1.2. Die Angst, erwischt zu werden

Jeder hat eine Hemmschwelle, die es zu überwinden gilt. Denn immerhin handelt es sich ja um eine nicht erlaubte Handlung. Der eine ist eher bereit, den »Pfad der Tugend« zu verlassen, als der andere. Ferner unterscheiden sich Schüler und Studenten auch in der Bereitschaft, bestimmte Formen des Schummelns anzuwenden, d. h. der Grad des Täuschungsversuches ist hier maßgebend.
Grundsätzlich muß jedoch gesagt werden: *Schummeln kann jeder!* Dennoch gibt es natürlich Praktiken, die für den einen mehr und für den anderen weniger geeignet sind. Auch gibt es wie im Leben Naturtalente und Leute, die etwas mehr üben müssen, um zum Erfolg zu gelangen. Wer kennt ihn nicht, den Schüler, der schon zehn Minuten, bevor er den Spicker ziehen will, wie eine rote Laterne leuchtet, becherweise Schweiß ver-

liert und nervös seinen Kopf in alle Himmelsrichtungen rotieren läßt. Hier muß der Pauker sich schon mit dem Gesicht zur Wand in die Ecke stellen, um nicht zu merken, daß sich ein Täuschungsversuch anbahnt.
Deshalb ist es immer wichtig, die Regeln des Schummelns einzuhalten:

1. Nur ein Verfahren verwenden, das man wirklich beherrscht und lange geübt hat.
2. Nur schummeln, wenn ich absolut sicher bin, nicht entdeckt zu werden.
3. Sich auf keinen Fall nervös machen und unter Zeitdruck setzen lassen.
4. Jedes unnötige Risiko vermeiden und lieber mal eine Arbeit »vergeigen«.

Basis des Schummelns ist, daß man ruhig bleibt und nur überlegt handelt. Ich muß in jedem Moment wissen, wo die Aufsichtsperson sich befindet. Man muß sich ständig vor Augen halten, daß Erwischtwerden längerfristige Folgen hat. Im schlimmsten Fall haben die Pauker mich bei jeder zukünftigen Arbeit oder Klausur auf dem Kieker, und meine Chancen, den oder die Schummelzettel einzusetzen, sind gleich Null. Das würde dann bedeuten, daß fortan alle Mitschüler oder Kommilitonen hervorragende Bedingungen haben, meine Karriere als Trickser aber beendet ist. Gott sei Dank treten diese Situationen aber recht selten ein, so daß auch für Amateure die Zukunft noch offen bleibt.

II. Klassische Methoden — Aus Opas Trickkiste

Dieses Kapitel beschäftigt sich mit Tricks und Kniffen, die teilweise schon von unseren Großeltern verwendet wurden. Sie sollen aber keineswegs abqualifiziert werden; zum Teil kann man sie auch heute noch wirksam einsetzen. Jedoch sind die Möglichkeiten des Schummelns teilweise durch eine relativ kleine Fläche stark begrenzt.

2.1. Die stationierte Postkarte

Eine Postkarte wird mit den gewünschten Fachinformationen im Hochformat beschrieben und eine kleine Ecke freigelassen. Anschließend befestigt man die Karte unterhalb der Tischkante mit einer Heftzwecke. Durch den einfachen Haltepunkt ist der Schummelzettel drehbar. Im ungenutzten Zustand ist die Postkarte nicht zu sehen, benötigt man eine der Informationen, so wird sie gedreht. (Geschickte Trickser schaffen dies allein mit dem Knie.)

Abb. 1: Postkarten-Schummeln

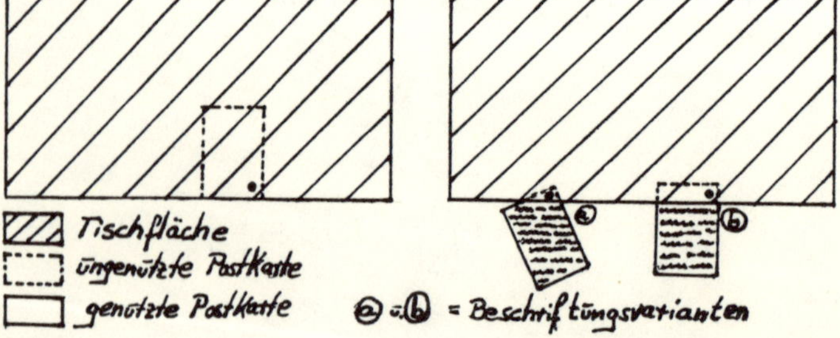

Wichtig bei dieser Methode ist es, daß die Heftzwecke so weit wie möglich ins Holz gedrückt wird. Andernfalls hängt die Karte schräg und kann eventuell von der Seite aus gesehen werden. Biegt sich die Karte leicht nach unten, so sollte man sie vorher auf der beschriebenen Seite kräftig über eine Kante ziehen. Dadurch wird sie gestrafft, so daß sie unter der Tischfläche eng anliegt. Bei Schulbänken empfiehlt es sich auf jeden Fall, den Schummelzettel an der untersten Tischkante zu befestigen. Andernfalls könnte das System bei einem Blick ins Ablagefach auffliegen.

2.2. Karteikarten-Schummeln

Eine andere Variante dieser Methode ist das Karteikarten-Schummeln. Dies ist mit Sicherheit eine Weiterentwicklung des zuerst geschilderten Tricks. Eine große Karteikarte hat den Vorteil, daß sie mehr Fläche für den Stoff bietet. Dabei wird der Schummelzettel nach dem Schubladenprinzip benutzt. Unter der Tischkante befestigt man mit Klebeband (z. B. Tesafilm) zwei Pappstreifen im Abstand einer Karteikartenbreite. Die Karteikarte wird jetzt zwischen Pappe und Tisch-

Abb. 2 : Karteikarten - Schummeln

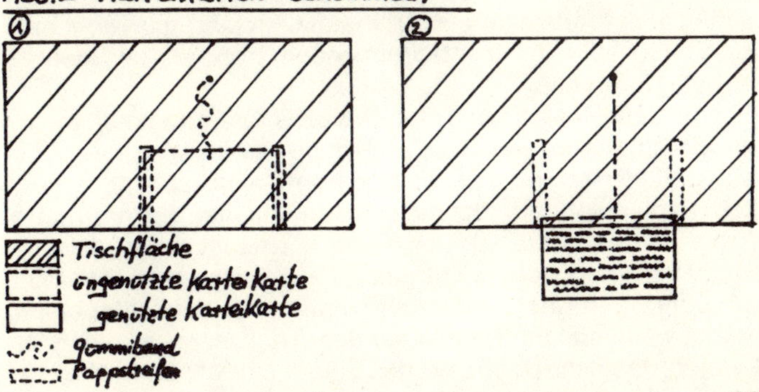

kante geklemmt und durch Verschieben per Hand schnell sichtbar.
Man kann dieses System allerdings auch noch ein klein wenig verfeinern, indem man an der hinteren Kante der Karteikarte ein Ende eines Gummibandes befestigt. Das andere Ende wird an die Tischplatte (unten!) geklebt. Man zieht die Karte heraus, liest die Information, und der Schummelzettel zieht sich eigenständig in die »Schublade« zurück, sobald man ihn losläßt!
Nachteilig bei dieser Methode ist, daß der Schummelzettel »stationiert« ist, also mehr oder weniger fest mit der Schreibfläche verbunden. Man geht also das Risiko ein, daß man die Beweismittel im Notfall nicht schnell genug verschwinden lassen kann. Andererseits sind Aufsichtspersonen in der Regel auf Spickzettel im Ablagefach des Schreibpultes fixiert.

2.3. Die Linealmethode

Lineale haben den Vorteil, daß man sie zu den meisten Arbeiten oder Klausuren mitnehmen und dort verwenden darf. Die Rückseite bietet bei entsprechender Schreibweise genug Platz für den Stoff. Man kann zwar weit weniger Informationen unterbringen als bei Post- oder Karteikarten, jedoch reicht die Fläche für naturwissenschaftliche Formeln oder Ableitungen schon aus. Da sich auf dem Material des Lineals relativ schlecht schreiben läßt (Holz, Plastik, Metall), schneidet man ein Stück Papier in der entsprechenden Größe aus und klebt es auf die Unterseite.
Ebenso lassen sich auch Geo-Dreiecke für Schummelzwecke umfunktionieren. Bei Geo-Dreiecken aus klarsichtigem Plastik gibt es noch eine besondere Form: Man verwendet dafür kein Papier, sondern ritzt mit einer Zirkelspitze die Informationen direkt ins Material. Der große Vorteil ist dabei, daß niemand bei einem durchsichtigen Geo-Dreieck irgend etwas Unerlaubtes vermutet. Außerdem kann die Aufsichtsperson, selbst wenn sie unmittelbar vor dem Trickser steht, nichts erkennen; das Schriftbild bzw. das Eingeritzte ist nämlich nur bei

bestimmtem Lichteinfall zu sehen. Daher braucht man das Geo-Dreieck nur flach auf den Tisch zu legen, und man ist über jeden Verdacht erhaben.
Bei der Lineal- oder Geo-Dreieck-Methode kann man, wenn die Aufsichtsperson unruhig herumtigert, das Lineal entweder benutzen und wie wild unterstreichen oder es einfach rechtzeitig verschwinden lassen. Man kann dem Entdecktwerden auch vorbeugen, indem man nach Gebrauch das hilfreiche Lineal gegen ein unbespicktes gleicher Form austauscht.

2.4. Sonstige Verfahren

2.4.1. Das Löschblattschummeln

In Schulen werden Arbeiten häufig in Hefte geschrieben. Da liegt es nahe, das Löschblatt seinem Zweck zu entfremden und als Schummelzettel zu nutzen. Man legt einfach das einseitig beschriftete Löschblatt ins Heft und nutzt es als Informationsquelle.
Um später eine peinliche Situation zu vermeiden, empfiehlt es sich allerdings, das Blatt rechtzeitig vor der Abgabe wieder zu entfernen.
Bei der Beschriftung dieses Löschblattes gibt es verschiedene Möglichkeiten. Außer der vollständigen Beschriftung kann man zum Beispiel Formeln unregelmäßig über das Blatt verteilen. Bekleckst man das Löschblatt anschließend noch ein wenig mit Tinte, so schöpft kaum jemand beim Umhergehen Verdacht.
Eine Spezialität des Löschblattschummelns ist folgende Art der Beschriftung: Man notiert sämtliche Informationen mit Hilfe einer leeren Kugelschreibermine. Da es sich bei Löschblättern um außerordentlich weiches Papier handelt, drückt sich die Schrift sehr gut ins Papier. Den gleichen Effekt erzielt man, indem man den Stoff auf einen Pergamentbogen (Butterbrotpapier) schreibt, unter den man vorher das Löschblatt gelegt hat. Drückt man beim Schreiben entsprechend auf, so werden sämtliche Informationen auch ohne Tinte lesbar sein. Die Wir-

kung ist ähnlich der Geo-Dreieck-Methode. Hält man den Bogen etwas schräg, so ist der Stoff durch den anderen Lichteinfall (Licht-Schatten-Wirkung) gut zu erkennen. Im flachen (abgelegten) Zustand wirkt das Papier jedoch unbeschrieben.
Eine etwas extravagante Gestaltung des Schummelzettels besteht darin, seine Notizen auf sogenanntes Eßpapier zu machen. Dadurch besteht immerhin die Möglichkeit, den Schummelzettel in Momenten der Panik durch Essen zu vernichten. Dieses Eßpapier erhält man in einigen Süßwarengeschäften meist in DIN-A5- oder -A6-Format. Natürlich kann man ebenso Oblaten beschriften, die sich mit ihrer kleinen und handlichen Form auch gut in der Handinnenfläche verstecken lassen.

2.4.2. Kurzinformationen

Manche Schüler und Studenten, die ein oder zwei Formeln unbedingt noch notieren müssen, schreiben diese häufig mit Kugelschreiber in die Handinnenfläche oder auf den Unterarm. Man muß dabei aber bedenken, daß das Risiko, beim Schummeln erwischt zu werden, nicht in Relation zum Gewinn (zwei Formeln) steht. Außerdem besteht die Gefahr, daß sich durch eventuelle Schweißausbrüche an der Handinnenfläche die Schrift auflöst und somit die Information im entscheidenden Moment nicht zu entziffern ist.
Im Zusammenhang mit zu notierenden Formeln muß auch das sogenannte Kugelschreiber-Schummeln erwähnt werden. Es gibt sowohl vollkommen durchsichtige Kugelschreiber als auch Exemplare mit Sichtfenstern. Häufig bekommt man solche Schreibutensilien als Werbegeschenke mit innen befestigten Röhrchen, auf denen sich z. B. Firmennamen befinden. Dieses Röhrchen kann man bekleben oder die Formeln auf einem kleinen Stück Papier notieren und dies entsprechend formen. Dieses Verfahren ist für naturwissenschaftliche Fächer relativ gut geeignet, zumal die Handhabung leicht und unverdächtig ist. Man kann die Kapazitäten ausweiten, indem man mehrere Kugelschreiber in der oben beschriebenen Form prä-

pariert und sie je nach Bedarf aus der Federtasche zieht. (Das gilt natürlich auch für die Lineal- und Geo-Dreieck-Methode.) Prinzipiell muß man bei der Benutzung der Federtasche als Aufbewahrungsort für Schummelzettel sehr vorsichtig sein. Sie ist für ihre Möglichkeiten zur Zweckentfremdung schon sehr bekannt und zählt bei vielen Aufsichtspersonen — ähnlich wie die Ablagefächer unter dem Schreibpult — bereits zur Standardkontrolle bei jeder Klausur oder Arbeit. Auf jeden Fall sollte man die Federtasche entsprechend füllen, damit die Schummelzettel oder die präparierten Stifte nicht sofort ins Auge fallen.

2.4.3. Der Vorteil, eine Frau zu sein

Hierbei besteht der Vorteil weniger im sogenannten kleinen Unterschied als vielmehr in der Tatsache, daß Mädchen und Frauen Röcke und Kleider tragen können. Diese Kleidungsstücke bieten ungeahnte Möglichkeiten zum Teil- und Profischummeln. Beim Einsatz von Textilien ist das männliche Geschlecht nämlich eindeutig benachteiligt.

Ich denke gerne daran, wie ich einmal während einer Klausur einen Blick auf meine Nachbarin warf, die bei gesenktem Haupt völlig in ihre Arbeit vertieft zu sein schien. Als ich jedoch sah, daß sie ihren Rock fast bis zum Bauchnabel hochgeschoben hatte, war ich weniger von ihren schöngewachsenen Beinen fasziniert als vielmehr von der Tatsache, daß sie zwei vollgeschriebene DIN-A 4-Bögen unter ihre Seidenstrümpfe geschoben hatte! Als schließlich der Prof erneut wie ein Geier seine Kreise zu ziehen begann, schob sie souverän ihren Rock wieder über die Oberschenkel, und die Schummelaktion blieb unentdeckt.

Wie mir routinierte Trickserinnen versicherten, eignen sich Netz- und Seidenstrumpfhosen besonders gut. Ferner könne man die Schummelzettel auch direkt auf der Haut mit Leukoplastband befestigen. Nach Möglichkeit sollte man keine zu kurzen oder zu langen Röcke wählen; optimal ist eine Länge

bis zu den Knien. Außerdem empfiehlt es sich, den Rock nach oben umzuklappen und nicht nach innen zu drehen, um die Oberschenkel beziehungsweise die Papiere schneller bedecken zu können.
Natürlich bietet auch die Brustpartie bei entsprechendem Busen ein hervorragendes Versteck für Schummelzettel. Klebt oder näht man den Schummelzettel an die Innenfläche eines Kleides mit elastischem Ausschnitt, soll man relativ zügig arbeiten können.
Ein Mädchen allerdings hatte einmal Schiffbruch erlitten, als sie beim Schummeln ertappt wurde, jedoch noch schnell ihren Schummelzettel in den Ausschnitt steckte. Der Dozent, der sie dabei beobachtet hatte, forderte sie auf, den Schummelzettel herauszugeben. Sie jedoch stritt alles ab. Daraufhin kam es zu einer amüsanten Szene. Der Dozent erklärte, als Lehrer sei es ihm nicht gestattet, jedoch als Mann würde er sich das Recht herausnehmen, griff in ihren Ausschnitt und zauberte sogleich den Schummelzettel heraus. Das Mädchen reagierte nun völlig unerwartet. Sie sagte nur, als Studentin dürfe sie sich zwar so nicht verhalten, aber als Frau wäre es ihr erlaubt, erhob sich und gab dem völlig verdutzten Dozenten eine schallende Ohrfeige.

2.4.4. Die Schummelzettelrakete

Hierbei handelt es sich nicht etwa, wie vielleicht angenommen, um einen Papierflieger, der ständig zwischen den Mitschülern umherkreisend zu einem regen Informationsaustausch beitragen soll. Vielmehr bezieht sich die Bezeichnung »Rakete« auf die Schnelligkeit, mit der der Schummelzettel aus der Hand in das Versteck verschwindet. Der Spicker ist nämlich mit einem kräftigen Gummiband verbunden, das am Oberarm unter dem Hemdsärmel festgeklebt wurde. Im ungenutzten Zustand wird der Schummelzettel durch die Hemd- oder Jackenmanschette verdeckt, kann jedoch flott mit einem Griff in die Handinnenfläche gezogen werden. Will bzw. muß man den Spicker aber schnell verschwinden lassen, so braucht man ihn nur wieder loszulassen. Das Gummiband wird nämlich beim Schummeln derartig stark vorgespannt (ähnlich wie beim Karteikartensystem), daß der Spicker, hält man ihn nicht mehr fest, in Windeseile unter den schützenden Ärmel entweicht. Der Vorteil liegt also »auf der Hand«, wo sich jetzt kein Zettel mehr befindet. Es bleibt lediglich anzumerken, daß man für den Schummelzettel möglichst festes Material (also kein Pergamentpapier) wählt. Außerdem sollte man die Ecken abschneiden, um ein Umknicken oder Verhaken zu verhindern. Es ist quasi eine aerodynamische Form zu bilden. — Ein ehemaliger Physiklehrer pflegte immer zu sagen, daß jede Kraft eine Gegenkraft erzeugt. So verhält es sich auch bei diesem System: erscheint der Lunte riechende Pauker, läßt man den Spicker verschwinden.

...actio = reactio!

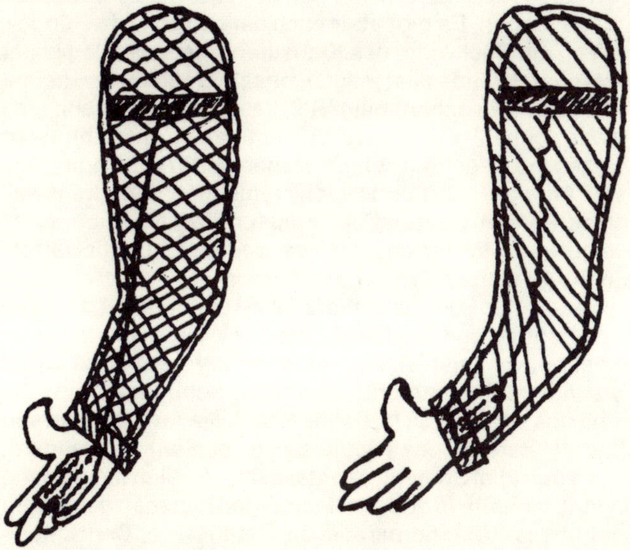

III. Voraussetzungen des Schummelns

3.1. Der Ort

Leider gibt es an Schulen, Fachhochschulen und Universitäten unterschiedliche Bedingungen, so daß keine einheitlichen Ratschläge gegeben werden können. Jedoch sollte man prinzipiell in Klassen- und Klausurenräumen entweder ganz weit vorne oder hinten sitzen. Im Prinzip ist der hintere Sitzplatz zu bevorzugen, da sich die meisten Lehrer und Dozenten vorne ans Pult setzen. Es muß also eine möglichst große räumliche Distanz zwischen Pennäler und Pauker bestehen, denn direkt unter den Augen des »Geiers« läßt sich schwer schummeln. Außerdem hat man von dort eine bessere Übersicht und als Trickser auch mehr Zeit, seine Schummelzettel zu entfernen bzw. zu verbergen. Es gibt aber auch einige »scharfe Hunde«, die sich an die Rückwand des Klausurenraumes stellen in der Annahme, jetzt würde sich jeder beobachtet fühlen und keiner es mehr wagen zu schummeln. Bei diesen Paukern kann sich also sehr schnell die relative Vorzüglichkeit eines hinteren Sitzplatzes ins Gegenteil kehren. Daher sollte man immer wissen, wer Aufsicht führt und welche typischen Verhaltensweisen diese Person während der Klausuren zeigt. Auch sollte man in gewisser Weise das anzuwendende Schummelverfahren auf die jeweiligen Pauker abstimmen.
Jedoch auch der vorderste Platz (als Außenplatz) hat seine Vorzüge. Schüler und Studenten, die das »Körperschummeln« beherrschen, können hier sehr ruhig und zügig arbeiten. Unter Körperschummeln versteht man das Schummeln in der Deckung des Körpers. D. h., befindet sich die Aufsichtsperson im hinteren Bereich des Raumes oder beginnt zu wandern, kann man den (die) Schummelzettel direkt vor sich legen, ohne gesehen zu werden. In anderen Momenten legt man den Unterarm mit etwas Abstand parallel zur Tischkante. Der Schum-

melzettel wird dann zwischen Arm und Kante plaziert. Befindet sich der Pauker in unmittelbarer Nähe, wird der Unterarm einfach auf den Spicker gelegt und ist so nicht mehr zu sehen. Grundsätzlich sollte man natürlich versuchen, die Sichtmöglichkeiten für die Aufsichtsperson möglichst stark einzuschränken, also beispielsweise nur zwei Seiten »offen« zu lassen. Ein Rechtshänder sollte bestrebt sein, links hinten oder vorne zu sitzen. Er schummelt dann mit links an der Wandseite. Entsprechend umgekehrt verhält sich der Linkshänder. Da ein Mittelplatz sämtliche vier Richtungen anbietet, ist der gesamte Mittelbereich des Klausuren- oder Klassenraumes entsprechend ungünstig.

3.2. Die Größe des Schummelzettels

Beim Schummeln kommt es nicht nur darauf an, möglichst viel Stoff auf dem oder den Zetteln unterzubringen, sondern diese(n) auch möglichst klein zu halten. Am günstigsten sind Schummelzettel, die relativ klein, gut zu handhaben und schnell entfernbar sind. Denn wählt man größere Dimensionen, so steigt das Risiko, und es empfiehlt sich, ein stationäres Verfahren (Post- oder Karteikartenmethode) zu verwenden. Nach eigenen Erfahrungen ist ein »ambulantes« Verfahren fast immer zu bevorzugen, denn was nützen einem die besten Karteikarten, wenn es der Aufsichtsperson plötzlich in den Sinn kommt, einen umzusetzen. Es gilt die Regel: *Schummelzettel gehören an den Körper!*

3.3. Die Aufsichtsperson

Für ein erfolgreiches Schummeln sollte man immer versuchen, sich optimal vorzubereiten. Dazu gehört auch, daß man Erkundungen einzieht, welcher Pauker, Dozent oder »Hilfswilli« (Hilfswissenschaftler) während der Klausur oder Arbeit Aufsicht führt. Bei allgemeinbildenden Schulen erübrigt sich diese Vorbereitung meist, da in der Regel die Klassenarbeiten bei den Fachlehrern selbst geschrieben werden. An Fachhochschulen und Universitäten kann es aber hilfreich sein zu wissen, wer »das Auge des Herrn« führt. Jeder Dozent hat seine Eigenarten und Methoden — und läßt sich grob in die folgenden vereinfachten Kategorien einordnen:

Typ A: Er ist völlig desinteressiert, und es ist ihm schnurz, wieviel gespickt wird. Er hat die gesunde Auffassung, es wird ja doch geschummelt — also regt er sich gar nicht erst sonderlich darüber auf und läßt den »Krug« an sich vorüberziehen. Häufig ist dieser Typ gar nicht der Fachdozent. Daher fehlt ihm auch das persönliche Interesse an einem objektiven Leistungserwerb.

Typ A_1: sitzt überwiegend, wechselt gelegentlich mal den Standort und durchkreuzt zuweilen äußerst gelangweilt und harmlos den Klausurenraum.
Wertnote sehr gut — dennoch im Blickfeld behalten.

Typ A_2: sitzt am Pult oder an der Wand und liest Zeitung oder ein Buch. Dieser Typ von Aufsichtsperson verhält sich nach dem Motto der drei Affen: Nichts sehen, nichts hören, nichts sagen! Typ A_2 ist mit der Wertnote sehr gut *** zu bewerten und sehr dankbar, wenn auf seinem Sitzplatz schon einige Zeitungen und Zeitschriften liegen (Playboy, Neue Revue, Quick, Stern etc.).

Typ B: ist im Grunde genommen korrekt, denn er sagt sich, schummeln kann jeder bei mir, wenn er sich nicht erwischen läßt. Wer zu plump schummelt, hat es nicht anders verdient, er fliegt auf. Die Toleranz dieser Dozenten ist ziemlich großzügig bemessen, und wer sich nicht zu dilettantisch anstellt, kommt auch ungeschoren davon.
Wertnote 2—3, da vorausgesetzt werden muß, daß man im Schummeln bereits etwas erfahren ist.

Typ C: läßt kein Schummeln zu und greift ohne Pardon durch, wenn er jemanden erwischt. Jedoch hat dieser

Typ von Dozent keine Ahnung, wie man eine Klausur am besten überwacht. Meist sitzt er und guckt die Studenten mehr oder weniger fragend an — ähnlich einer Katze, die vor einem verstopften Mauseloch kauert. Erst am Ende der Klausur beginnt Unruhe in ihm aufzukommen, und er schreitet im Raum auf und ab. Doch sind zu diesem Zeitpunkt meistens sämtliche Schummelaktionen abgeschlossen.
Wertnote 3+, da man sich relativ gut anpassen kann.

Typ D: hat im wesentlichen die gleichen Grundsätze wie Typ C, nur pflegt er die Beaufsichtigung viel fachkundiger anzugehen. Verdächtige Leute werden teilweise kontrolliert, indem die Klausurenbögen angelupft werden, um etwaige Schummelzettel aufzudecken. Zu diesem Typ gehören auch jene, die sich an die Rückwand des Raumes stellen, im Glauben, die Trickser dadurch zu verunsichern. Sie lesen auch während der Klausur, jedoch wechseln sie mehrmals den Platz oder blättern ihre Lektüre im Gehen. Bei diesen Personen muß man sehr vorsichtig arbeiten und häufiger den Blickkontakt suchen als bei den erstgenannten Dozenten. Wichtig ist, daß man sich als Trickser dem *Rhythmus* der Aufsichtsperson anpaßt. Mit etwas Übung und ruhigen Nerven besteht auch hier die Möglichkeit zu relativ gutem Arbeiten.
Wertnote 3—4.

Typ E: Er verschreckt alle Amateure und treibt die meisten Studenten vor lauter Verzweiflung zum Lernen. Diese Dozenten beginnen ihre Klausuraufsicht damit, daß sämtliche Kleidungsstücke (Parkas, Jacken etc.) und Taschen an einem bestimmten Platz (meist vorn oder hinten an der Wand) deponiert werden müssen. Auf der Schreibfläche werden dann nur noch Federtasche, Taschenrechner und Lineal geduldet. Außerdem wird die Anordnung gegeben, daß während der Klausur niemand den Raum verlassen darf. Ferner

Typ A1

Typ A2
LECHS
DA DA

Typ B

Typ C

Typ D

Typ E

sind sämtliche Klausurbögen speziell gezinkt durch beispielsweise Lochmarkierungen in der oberen Blattecke. Eine weitere Variante können farblich unterschiedliche Klausurenstempel sein. Während der Klausur selbst setzt sich der Dozent meist in die hintere Reihe und führt in unregelmäßigen Abständen sogenannte Stippvisiten durch. Zuweilen geht er auch durch sämtliche Reihen und hebt die Klausurbögen alle nacheinander hoch, um verwendete Schummelzettel freizulegen.
Wertnote 5, doch keine Panik! Bei dieser Art von Dozenten muß man zwar relativ raffinierte oder kaltblütig-dreiste Verfahren verwenden, um zum gewünschten Schummelerfolg zu gelangen, doch es gilt: *Schummeln ist fast immer möglich!*
Katastrophale Klausursituationen, in denen ein Schummeln *fast* unmöglich ist (Wertnote 5—6) gibt es, wenn mehrere Aufsichtspersonen (3—4) eine Klausur von 40—60 Prüflingen bewachen. Dann gibt es nur noch ganz spezielle Methoden, die sicherlich nicht jedermanns Sache sind. Doch dazu später.

3.4. Der zu spickende Stoff

Prinzipiell weiß natürlich jeder Schüler oder Student selbst am besten, was auf dem Schummelzettel zu stehen hat. Vielleicht können aber dennoch einige Tips gegeben werden, die für den einen oder anderen recht wertvoll sind. An Universitäten und Fachhochschulen ist es üblich, daß die Fachschaft sogenannte Klausurensammlungen führt. Das sind Zusammenstellungen aus Prüfungsfragen der einzelnen Fächer oder Fachrichtungen aus vorherigen Semestern. Teilweise stehen außer diesen Fragenkatalogen auch sogenannte Antwortenkataloge zur Verfügung. Derartige Zusammenstellungen können einem sowohl das Lernen als auch die Herstellung von Schummelzetteln erleichtern. Jeder Dozent hat nämlich seine Schwerpunktthemen, also bevorzugte Fragen, die er verstärkt prüft. Leider ist die Zusammenstellung von Fragenkatalogen an Gymnasien bzw. allgemeinbildenden Schulen bisher fast gar nicht verbreitet. Es ist nicht nur so, daß Lehrer bei ihrem Unterrichtsstoff gerne bestimmte Bereiche bevorzugt abfragen, sondern Pauker sind in gewisser Weise auch den Pennälern sehr ähnlich: Die meisten sind nämlich faul! Bezogen auf die Arbeiten kann dies bedeuten, daß sie z. B. im Abstand von zwei Jahren exakt die gleichen Klassenarbeiten schreiben lassen in der Annahme, es käme doch kein Schüler auf die Idee, die gleichen Aufgaben würden zweimal gestellt.

Bei der beschriebenen Erfahrung handelt es sich übrigens keineswegs, wie vielleicht angenommen, um eine Ausnahmeerscheinung. Die Wahrscheinlichkeit, daß eine bereits geschriebene Arbeit erneut vorgelegt wird, steigt erheblich, wenn sich der Lehrer oder Dozent in Zeitdruck befindet. Dies ist häufig nach Krankheit, Konferenzen oder bei Nachprüfungen der Fall.

Eine Möglichkeit des Schummelns besteht somit darin, die entsprechenden Fragen und Antworten auf dem (den) Schummelzettel(n) zusammenzutragen. Bei allgemeinbildenden Schulen empfiehlt es sich, sämtliche Klassenarbeiten vom Primus der höheren und darauffolgenden Klasse zu leihen und sie zu kopieren. Anschließend hat man genügend Zeit, den jeweiligen Stoff im Kleinformat (Spicker) zu notieren. Wesentlich aufwendiger ist es dagegen, wenn man den gesamten Stoff, den größten Teil oder eine Zusammenfassung auf den Schummelzetteln speichern will. Diese Vorbereitung ist zwar relativ umfangreich und benötigt je nach Fach einen Zeitbedarf von 1 bis 1½ Tagen, rentiert sich aber in Fächern, in denen man absolut keine Schnallung (= Wissen) hat, in jedem Fall.

Natürlich ist auch eine Kombination von Schummeln und Lernen möglich. Das kann dergestalt laufen, daß man nur den Teil des Stoffes extern speichert (= schummelt), der in der vielleicht zu kurz bemessenen Lernzeit nicht mehr in den Kopf zu kriegen war. Eine andere Möglichkeit besteht darin, daß man nur einige Schwerpunkte lernt (im Fachjargon »Joker setzt«) und den restlichen Stoff notiert. Doch prinzipiell sollte jeder Schüler oder Student selber wissen, was er lernen kann und was bzw. wieviel er spicken muß. Man muß jedoch immer den Zeitaufwand für das Anfertigen von Schummelzetteln in Relation zum Risiko setzen. Es besteht schließlich ein ziemlich großes Risiko, die Arbeit trotzdem zu vergeigen, wenn man beispielsweise nichts weiß und den Stoff nur zur Hälfte durch Schummelzettel abgedeckt hat.

3.5. Die Kleidung

Weitgehend ist die Kleidung ohne größere Bedeutung, solange nicht bei jeder Bewegung ein lautes Rascheln verursacht wird. In Zusammenhang mit einigen Schummelverfahren sind jedoch bestimmte Kleidungsstücke besonders positiv zu beurteilen. Wählt man eine Methode, bei der man sehr viele Schummelzettel verwendet, sollte man ein möglichst praktisches Kleidungsstück mit relativ vielen leicht zugänglichen Taschen tragen. Es versteht sich allerdings von selbst, daß man nicht mit einem Parka im Hochsommer zur Klausur antritt.
Sehr gut erfüllen Herrenjacketts (Sakkos) ihren Zweck. Sie sind fast zu jeder Jahreszeit zu tragen und relativ unauffällig (wenn man nicht sonst ausschließlich in T-Shirts rumläuft). Ebenfalls bewährt haben sich sogenannte Jagd- und Schießwesten, weil sie sich durch ein außerordentlich großes Fassungsvermögen auszeichnen. Besonders günstig ist dabei die Rückentasche, die sich etwa in Höhe der Nieren über den gesamten Rücken erstreckt und sowohl rechts als auch links vom Körper offen ist. Diese Tasche ermöglicht Platz für ca. vier Pfund Schummelzettel, stellt also in jedem Fall ausreichend Raum für eine Zetteldeponie zur Verfügung. Der wesentliche Vorteil ist, daß sie von beiden Seiten zu beschicken ist und man beispielsweise im linken Teil die bereits benötigten Unterlagen verwahren kann. Die günstige Lage der Rückentasche ist besonders herauszustellen, weil sie es ermöglicht,

daß man die Schummelzettel greifen und wegstecken kann, ohne mit den Armen auffällig arbeiten zu müssen. Man braucht lediglich den Arm etwas nach hinten abzuknicken und gelangt auf diese Weise schnell und unauffällig an des »Rätsels Lösung«.

3.6. Das Verhalten danach

Im allgemeinen pflegen Kommilitonen, die nicht schummeln, einem interessiert bei der »Arbeit« zuzusehen. Vielleicht werfen sie auch ein neidisches Auge herüber, weil sie die irrwitzige Auffassung vertreten, selber nicht schummeln zu können. Andere wiederum, die das Schummeln aus Prinzip ablehnen, werden eventuell erbost dreinblicken. Der größte Teil der Schüler oder Studenten wird die gesamte Schummelaktion jedoch gar nicht mitbekommen.
Ein wichtiger und wesentlicher Grundsatz des Schummelns ist aber, sich nach erfolgreichem Schummeln vor den Mitschülern oder Studenten nie mit den Leistungen zu brüsten. Man sollte auch nicht den Fehler begehen und glauben, das »Evangelium des Schummelns« verbreiten zu müssen und alle Mitschüler zum routinemäßigen Täuschungsversuch bekehren zu wollen. Durch ein solches Verhalten gefährdet man seine zukünftigen Chancen erheblich. Sehr leicht erzeugt man durch Angeben im größeren Kreis nicht nur Neid, sondern auch Haß! Es gibt dann durchaus Leute, die bei entsprechender Gelegenheit ein gehässiges Wort bei Dozenten äußern, die häufig ein offenes Ohr für derartige Hinweise haben. Vielleicht ist hier der britische Leitsatz angebracht: »Der Gentleman schweigt und genießt!«

IV. Methoden des Täuschungsversuches

4.1. Das Schummeln

Bisher wurde »Schummeln« als Oberbegriff für jede Form des Täuschungsversuches verwendet. In diesem Kapitel wird der Begriff in seiner eigentlichen Bedeutung benutzt: Notieren des Stoffes auf kleine handliche Zettel.

Bei der Schrift, die man zum Notieren des Stoffes verwenden sollte, kommen zwei Arten in Frage. Es muß dabei berücksichtigt werden, daß das Schriftbild wegen des Schummelzettel-Formates möglichst klein gehalten werden muß. Dennoch soll aber alles ohne Entzifferungsschwierigkeiten auf relativ große Entfernung gut lesbar sein (ein hieroglyphenähnliches Schriftbild ist denkbar ungeeignet!). Vom Standpunkt der Optik ist eine Schrift in Druckbuchstaben am günstigsten zu beurteilen. Natürlich kann man meist in seiner eigenen Schreibschrift schneller schreiben, aber mit etwas Übung ist auch mit Druckbuchstaben eine »flotte Feder« möglich. Der Nachteil der Schreibschrift ist nämlich, daß man sich wesentlich mehr bemühen muß, nicht zu schludern und gleichmäßig deutlich zu schreiben. Dies ist ein nicht zu unterschätzender Aspekt, denn während man den Schummelzettel schreibt, hat man mehr Ruhe und einen kürzeren Abstand zum Papier als im Moment des Lesens. Zusammenfassend kann nur betont werden, daß ein ordentliches und gleichmäßiges Schriftbild wichtig ist.

Man selber kann am besten beurteilen, ob man in vollständigen Sätzen oder nur mit einer Aneinanderreihung von Fakten schreibt. Die Erfahrung hat jedoch gezeigt, daß es am günstigsten ist, den Text voll zu notieren, da man sich so ganz auf die Schummelaktion und das Abschreiben konzentrieren kann. Andernfalls ist man gezwungen, die Sätze noch auszuformulieren, was selbst rhetorisch gewandten Schülern oder Studenten in einer Streßklausur häufig schwerfällt. Dagegen ist

WECK MID TER RECHT-
SCHRAIBUNK
USA

die Verwendung von Abkürzungen anzuraten. Dazu zählen nicht nur bestimmte und unbestimmte Artikel oder Bindewörter, sondern auch Abkürzungen individueller Art. Durch solche Kürzel kann der nötige Text erheblich reduziert werden und dennoch jeder Satz als Ganzes bestehen bleiben. Vorrangig ist und bleibt aber die Aufgabe, daß der Text in der Klausur oder Klassenarbeit problemlos zu lesen sein muß. Man darf nicht erst minutenlang überlegen, was das eine oder andere Wort wohl heißen bzw. wie der Satz wohl enden mag (schließlich handelt es sich ja nicht um ein Silbenrätsel).
Grundsätzlich muß man den Schummelzettel zügig und flott handhaben können. Den entsprechenden Schummelzettel ziehen, ihn einsetzen und den Stoff abschreiben, muß *ein* Ablauf sein. Auf diese Weise erregt man auch am wenigsten Aufsehen. Denn es ist logisch, daß derjenige, der wenig schreibt, sich häufig umblickt und ständig mit den Händen am Kramen ist, am ehesten auffällt und Verdacht erweckt.
Bei den Schummelzettel-Verfahren haben sich zwei Methoden besonders bewährt:

1. Die Schummelzettelkartei

Es werden karierte Zettel im Format 7 x 9 cm zugeschnitten. Die Zettel werden einseitig beschriftet, und zwar so, daß man in einer Karoreihe zwei Schreibzeilen anordnet. Das karierte Papier bietet gewissermaßen eine Hilfestellung, das Format maximal auszunutzen. Außerdem fällt es einem durch die vorgezeichneten Linien leichter, sein Schriftbild gleichmäßig zu halten. Das Format 7 x 9 cm ist natürlich variabel. Es sollte so bemessen werden, daß es die maximale Fläche darstellt, die mit der flach ausgestreckten linken Hand (bei Rechtshändern) abgedeckt werden kann.
Bei der Anordnung des Stoffes sollte man eine Überschrift notieren oder die Frage deutlich von der Antwort trennen. Eine Möglichkeit ist z. B. eine farbliche Unterstreichung. Auf diese Weise sind die jeweiligen Fragen schneller zu finden.

Abb. 3 : Schummelzettel Kartei

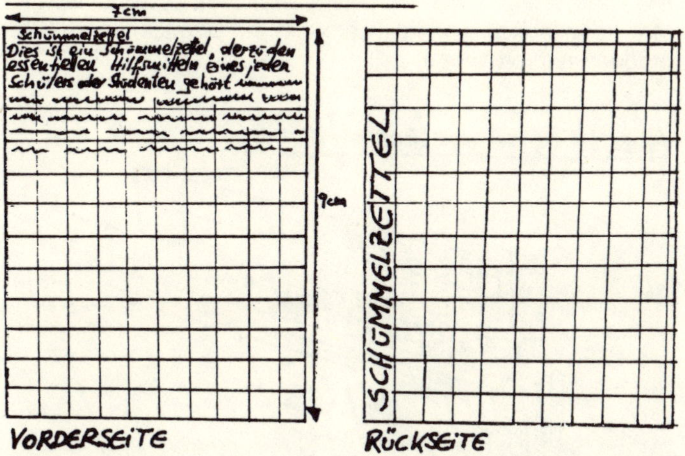

Zum Schreiben eignen sich besonders gut Bleistifte der Härtegrade H und HB. Um ständiges Anspitzen zu vermeiden, kann man sogenannte Techniker- oder Druckbleistifte verwenden, die ein dünnes, aber kräftiges Schriftbild ermöglichen. Vom Schreiben mit Kugelschreibern oder Füllern ist abzuraten, weil man bereits durch leichtes Schwitzen in der Handinnenfläche den notierten Stoff verwischen kann.

Wesentlich für die Schummelzettel-Kartei ist, daß man auf der unbeschriebenen Rückseite in Längsrichtung die Überschriften der Vorderseite überträgt. Diese schreibt man in Druckbuchstaben so groß, daß für eine Zeile eine Karoreihe benötigt wird. Auf diese Art und Weise kann man sehr schnell auch auf relativ weite Distanz den richtigen Schummelzettel herausfischen.

Hat man nun sämtliche Schummelzettel in der oben beschriebenen Form angefertigt, nimmt man ein kleines Notizbuch, das in etwa die gleichen Abmessungen aufweist, und legt zwischen zwei Seiten des Notizbuches einen Schummelzettel. Die Zettel sollten möglichst nach Bereichen geordnet werden. Man kann sich zu diesem Zweck z. B. mit Büroklammern Hilfsmarkierungen machen.

Abb. 4 : Schümmelzettelkartei

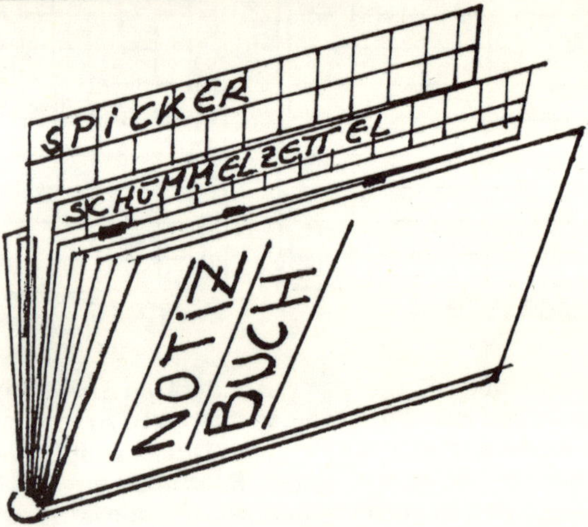

Die Handhabung dieses Systems läuft wie folgt:

1. Aufgabenzettel lesen
2. Das Notizbuch ziehen und bei senkrechter Köperhaltung in der Deckung des Tisches blättern. Bei guten Hilfsmarkierungen findet man zügig den entsprechenden Bereich.
3. Die rückseitigen Überschriften (in Großformat) der Schummelzettel lesen und den richtigen Zettel ziehen.
4. Das Notizbuch wieder wegstecken.
5. Den Schummelzettel auf den Tisch packen und »auf geht's«!

Dabei kann man für jede einzelne Frage das Notizbuch ziehen

oder bei einmaliger Benutzung sämtliche benötigten Antwortzettel gleich zu Klausurbeginn herauszufischen und übergangsweise in der Tasche lagern.
Vorteil der Schummelzettel-Kartei ist, daß sämtliche Spicker zentral geordnet sind. Es ist ein unnötiges Hindernis, wenn man in jeder Jacken-, Hemd- und Hosentasche einen Schummelzettel verwahrt. Vielleicht wird das an dem folgenden Beispiel deutlich:
Ein Kommilitone war für eine recht schwierige Klausur hervorragend gewappnet. Hatte er doch ca. 15 Schummelzettel angefertigt, die jedoch unglücklicherweise schlecht geordnet waren. Über seine gesamte Kleidung verteilt, hatte er in jeder Tasche einen Schummelzettel deponiert; und das waren recht viele, denn er trug einen Fallschirmspringeroverall. Als nun die Aufgabenzettel verteilt wurden, strahlte sein Gesicht wie unter dem Weihnachtsbaum, denn er wußte, diese Fragen hatte er vorbereitet. Zu seinem Unglück hatte er jedoch in der ganzen Aufregung vergessen, an welcher Stelle sich welcher Zettel befand. So war er fürchterlich am Kramen und Wühlen, bis er schließlich den richtigen Schummelzettel zu fassen hatte. Letztendlich hatte er Glück, weil die Aufsichtsperson nicht auf ihn aufmerksam geworden war, aber durch seine chaotische Unordnung hatte er nicht alle Fragen beantworten können, obwohl seine Schummelzettel das gesamte Stoffgebiet abgedeckt hatten. Mit einer Zettel-Systematik wären ihm mit Sicherheit die Angst und ca. ein halber Liter Schweiß erspart geblieben.

2. Das WBI-System

Der Name leitet sich ab von der Fernsehsendung »Was bin ich?« mit Robert Lembke. Bei diesem heiteren Beruferaten wird für jede verneinte Frage, die von den Kandidaten gestellt wird, eine Karte eines Blockes umgeblättert. Der Zusammenhang mit dem WBI-System wird durch die folgende Beschreibung deutlich.

Für das WBI-System kauft man sich einen kleinen Schreibblock mit karierten Seiten, der in jedem Kauf- oder Warenhaus für 30 bis 50 Pfennig erhältlich ist. Ein Block hat 40 Seiten im Format 10,4 x 7 cm. Zunächst markiert man sich die endgültige Formatgröße. (S. o. — Das Format ist abhängig von der Größe der Handinnenfläche des Tricksers.) Anschließend werden sämtliche Seiten durchnumeriert, wobei die Zahlen deutlich in das äußerste Karofeld der linken unteren Ecke geschrieben werden. Jetzt sind die gröbsten Vorbereitungen getroffen, und man kann mit dem Beschriften beginnen. Der Einfachheit halber empfiehlt es sich, den Block nur einseitig zu beschriften. In der Regel reichen auch bei umfangreichen Stoffgebieten ein bis zwei Blöcke. Das verstärkte Deckblatt wird jetzt für das Inhaltsverzeichnis verwendet, wobei man die Überschriften in Kurzform notiert. Da sämtliche Blätter durch eine Spirale zusammengehalten werden, kann man sehr schnell die entsprechende Seite finden und die übrigen Blätter umschlagen (wie die verneinten Fragen bei der Fernsehsendung »Was bin ich?«). Durch das günstige Format des Blockes lassen sich die Schummelzettel vielseitig nutzen:

1. Man hält den Block in der Handinnenfläche, kippt die Hand, liest einen Satz und legt die Hand wieder flach auf den Tisch. Schummeln ist so in fast jeder Situation möglich.
2. Man stellt eine geöffnete Kakaotüte (0,5 l) auf den Tisch und packt den Block dahinter. Durch den Sichtschutz ist ein sogenanntes offenes Schummeln möglich. Wandert der Dozent, handhabt man das Verfahren wie unter Punkt 1. beschrieben.
3. Man schummelt in der Deckung des Körpers. Der Block liegt zwischen Unterarm und Körper auf dem Tisch und wird in Notsituationen durch die Hand abgedeckt.

Das WBI-System hat sich in den letzten Jahren enorm verbreitet. Leider habe ich es versäumt, dieses Verfahren beim Patentamt anzumelden. So kann es also ohne Gefahr rechtlicher Konsequenzen von jedermann verwendet werden.

Abb. 5: Das WBI-System

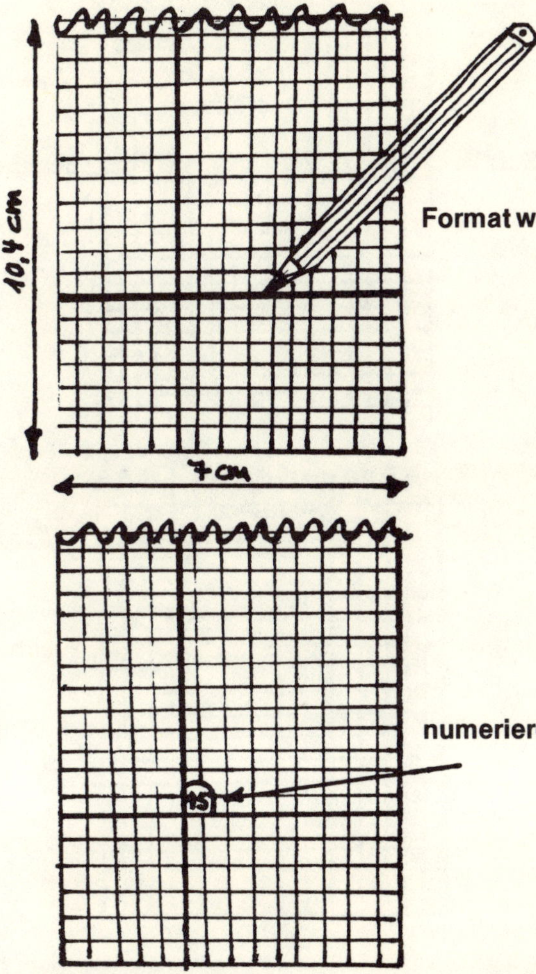

1. Schritt — **Format wählen**

2. Schritt — **numerieren**

3. Schritt

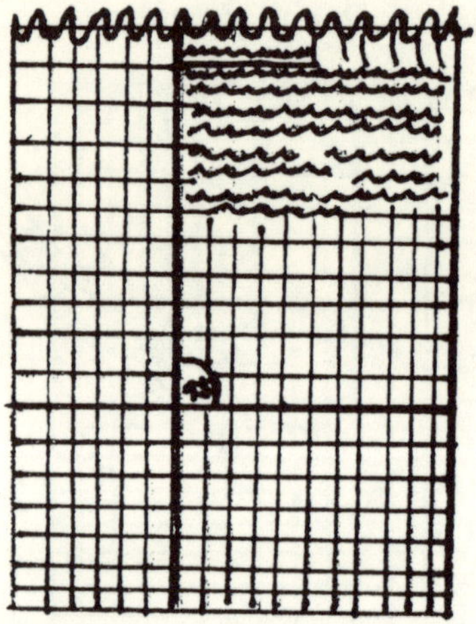

beschriften

4. Schritt

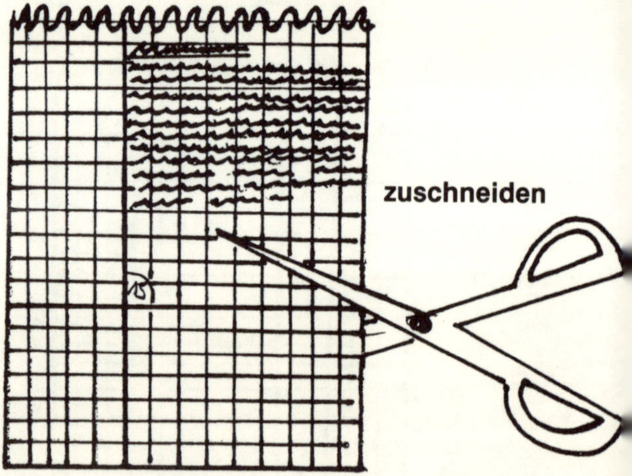

zuschneiden

5. Schritt

Inhaltsverzeichnis anfertigen

»Nutzt du WBI, bist du fit wie nie«

4.2. Das Vorschreiben

An Fachhochschulen beispielsweise ist es üblich, Klausuren nur auf sogenannten Klausurbögen zu schreiben. Das sind entweder karierte oder linierte DIN-A 4-Doppelbögen, die in der oberen linken Ecke der Vorderseite einen speziellen Stempelabdruck mit folgender Aufschrift tragen: »Klausur Nr., Fach, Semester«. Diese Klausurbögen erhält man während der Klausur, und die nicht benötigten Bögen werden vom Dozenten wieder eingesammelt und in seinem Büro oder dem Sekretariat aufbewahrt. Unter »Vorschreiben« versteht man nun das Ausfüllen eines Bogens, *bevor* die Klausur geschrieben wird; es handelt sich also quasi um einen »Leistungsnachweis in Heimarbeit«.

Zunächst soll die Frage geklärt werden, wie man die entsprechenden Bögen erhält. Dabei gibt es wieder verschiedene Alternativen:

1. Man holt sich während der Klausur mehr Bögen, als man eigentlich benötigt, und legt die unbenutzten Bögen in

seine Schulmappe. Betreibt man dieses Spiel regelmäßig, sozusagen mit »konstanter Bosheit«, so kann man im Laufe eines Semesters einen ansehnlichen Stapel zusammentragen. Auf diese Weise kann man auch mal in Zettelnot geratenen Kommilitonen hilfreich unter die Arme greifen. Dieses Verfahren ist natürlich am naheliegendsten und einfach.

2. Die zweite Möglichkeit erfordert schon ein ziemliches Maß an Dreistigkeit und Skrupellosigkeit; sie soll der Vollständigkeit halber aber auch angeführt werden. Man nimmt zunächst einen Klausurbogen und gibt in einem Schreibwarengeschäft oder bei einem Schlüsseldienst einen entsprechenden Stempel in Auftrag. Wichtig dabei ist, daß der Stempel *exakt* genauso gestaltet wird wie der Stempelaufdruck auf dem Bogen. Die Geschäftsinhaber stellen erfahrungsgemäß keine peinlichen Fragen, zumal sie häufig gar nicht wissen, für welchen Zweck ein solcher Stempel benötigt wird. Studiert man in einer Kleinstadt, so sollte man als Vorsichtsmaßnahme den Stempel in einem anderen Ort anfertigen lassen. Die Anfertigung eines Stempels dauert ca. 8 bis 14 Tage (Kostenpunkt 15 bis 25 DM) und sollte natürlich rechtzeitig vor der Klausurenzeit in Auftrag gegeben worden sein.
   Die Klausurbögen erhält man in normalen Schreibwarengeschäften. Weisen die Bögen allerdings besondere Wasserzeichen auf, ist es wichtig, das Papier im selben Geschäft wie die Lehranstalt zu kaufen. Das entsprechende Geschäft oder die Lieferfirma herauszubekommen, dürfte einem einigermaßen pfiffigen Trickser aber nicht allzu schwerfallen (Beschriftung auf dem Karton im Sekretariat, Werbeaufschrift des Lieferwagens etc.).
   Hat man das notwendige Material vorrätig, muß man zunächst einmal üben, den Stempel in der Weise aufzudrücken, wie es bei den Originalen üblich ist. Der Abdruck darf nämlich auf gar keinen Fall zu frisch aussehen. Eine Hilfe kann es sein, wenn man die Bögen einige Stunden in

die Sonne legt. Dadurch verbleichen Stempelabdruck und Bogen, so daß sie abgelagert und echt wirken.

Beginnt man seine Klausur zu Hause im stillen Kämmerlein vorzubereiten, so ist es wichtig, daß man dabei möglichst flott schreibt. Eine gestochene Schönschrift ist auf jeden Fall zu vermeiden, da das Schriftbild insgesamt zusammenpassen und gleichmäßig erscheinen muß. Außerdem muß unbedingt derselbe Kugelschreiber benutzt werden, mit dem man in der Klausur schreibt.

Beim Vorschreiben sollte man am besten alle vier Seiten des Doppelbogens vollschreiben und entsprechend der zu notierenden Stoffmenge die abzuknickende Randfläche (für Korrekturen) wählen. Das hat den Vorteil, daß man den Bogen in jedem Moment der Klausur »ziehen« kann. Paßt man dann die Numerierung der Seiten den bereits geschriebenen an, so kann man den vorgeschriebenen Bogen immer unauffällig einordnen. Zum Vorschreiben sollte man Stoffbereiche nehmen, die besonders umfangreich sind, oder Klausurfragen wählen, die mit penetranter Wiederholung immer erneut gestellt werden.

Will man mit einem Klausurbogen einen ganzen Bereich abdecken, der aber in der Klausur vermutlich in mehrere Teilfragen gegliedert wird, so rückt man bei der Beantwortung eines neuen Teilbereiches die Zeile etwas ein. Auf diese Weise hat man später noch Platz, die entsprechende Numerierung, die man vorher ja noch nicht kennt, einzufügen. Kommt dann die eine oder andere Teilfrage doch nicht, so läßt man diesen kleinen Freiraum einfach bestehen (oder schreibt zwei Buchstaben, die man anschließend wieder durchstreicht!). Dadurch kann einem im schlimmsten Fall passieren, daß man für diesen Teil der Antwort keine Punkte erhält, weil man ja das Thema verfehlt hat. Bei der heutigen sogenannten objektiven Bewertung kann einem das Schicksal aber auch ein unerwartetes Schnippchen schlagen, und man erhält Sonderpunkte für die äußerst komplexe Beantwortung.

In jedem Fall muß das Geschriebene aber umfangreich genug

sein, so daß sich eine erhebliche Zeitersparnis während der Klausur ergibt. Fragen, die einfach oder kurz beantwortet werden können, notiert man sich auf dem »externen Speicher« (oder lernt sie halt). Der Zeitpunkt des Bogen-Ziehens sollte während der Klausur auf keinen Fall zu früh gewählt werden, um unnötige Verdachtsmomente zu vermeiden. Es könnte schließlich doch der naivsten Aufsichtsperson auffallen, wenn man bereits fünf Minuten nach Klausurbeginn schon bei der fünften DIN-A 4-Seite angelangt ist.

Das Ziehen der Klausurbögen wird wieder durch die äußeren Bedingungen (z. B. Sitzplatz und Aufsichtsperson) vorgegeben. Handelt es sich um Dozenten, die keinen Wert darauf legen, daß Taschen und Mäntel vom Sitzplatz verschwinden, treten keine größeren Probleme auf. Man wählt eine oben offene Schultasche oder Mappe und legt in jedes Fach einen vorgeschriebenen Klausurbogen. Die Reihenfolge sollte man sich natürlich merken oder Hilfsmarkierungen befestigen (ähnlich wie beim Karteikarten-System). Bei vier bis fünf Doppelbögen, die man maximal verwenden sollte, dürfte es jedoch keine Schwierigkeiten bereiten, sich die Anordnung der Bögen zu merken. Bei Dozenten, die keine Taschen in der Nähe zulassen, beschränkt sich die Anzahl der möglichen vorgeschriebenen Klausurbögen. In diesem Fall sollte man eine Woll- oder Lederjacke oder ein Sakko über seine Stuhllehne hängen, die meistens geduldet werden, und je einen Bogen aufgerollt in einen Ärmel stecken. Rollt man das Papier etwas schräg auf — ähnlich einer Schultüte —, halten sich die Bögen im oberen Teil des Ärmels sehr gut und sind von außen trotzdem nicht sichtbar. Es ergibt sich auch kein sonderliches Problem, den Klausurbogen herauszufischen, wenn die vorgeschriebene Antwort gefragt wird. Hat man den gerollten Bogen auf dem Tisch liegen, braucht man das Papier nur kurz entgegen der Drallrichtung über die Tischkante zu ziehen, und der vorgeschriebene Bogen ist äußerlich vom Original nicht mehr zu unterscheiden.

Eine andere Variante des Ziehens besteht darin, zwei Klausurbögen mit einer Sicherheitsnadel an der Innenfläche des Jacketts zu befestigen. Beim Ziehen öffnet man entweder die Sicherheitsnadel oder reißt den Bogen einfach ab (wobei dann natürlich die Nadel relativ weit am Rand des Bogens eingestochen sein sollte).

An allgemeinbildenden Schulen, Fach- oder Berufsschulen werden die Klassenarbeiten entweder auf DIN-A 4-Doppelbögen ohne Stempelabdruck, in Klassenarbeitsheften oder auf spezielle Blöcke mit Vordrucken geschrieben:

1. Handelt es sich um ungestempelte DIN-A 4-Bögen, so dürfte es dem interessierten Schüler nach den bisherigen Schilderungen nicht mehr schwerfallen, das Papier zu besorgen, das Nötige vorzuschreiben und den Bogen zu ziehen.
2. Ist es an der Schule dagegen üblich, auf speziell vorgedrucktem Blockpapier zu schreiben, so erfordert das Vorschreiben wieder einige Vorbereitungen. Und wieder gibt es verschiedene Beschaffungsmöglichkeiten:

a) Man sucht die Lieferfirma für die Blöcke auf und kauft einen entsprechenden Posten an Blockpapier. Bei eventuellen Fragen der Angestellten kann man ruhig »unter dem Siegel der Verschwiegenheit« mit offenen Karten spielen. Meistens sind solche Leute von der Dreistigkeit dieser Unternehmung so begeistert und von der Idee derart gefesselt, daß sie sich ohne Hemmungen auf die Seite des Pennälers stellen und einem das Material beschaffen. Wie gut, daß jeder einmal Schüler war!

b) Man besorgt sich einen sauberen, unbeschriebenen Arbeitsbogen und läßt ihn sich im nächsten Kopiergeschäft vervielfältigen. Handelt es sich dabei um besonderes Papier, z. b. karierte DIN-A 4-Bögen mit Aufdruck, so kauft man zunächst dieses Papier in einem Schreibwarengeschäft und gibt es im Kopiergeschäft ab. Beim heutigen Stand der Kopiertechnik ist es möglich, auf nahezu alle Papierarten zu kopieren. Häufig bieten diese Geschäfte auch weitergehende Serviceleistungen an, die es ermöglichen, die Kopien gleich als Block geleimt zu erhalten. So weisen auch die vorgeschriebenen Blockbögen eine kleine Leimkante auf. Meistens werden aus Kostengründen die Blöcke heute auch gar nicht mehr gedruckt, sondern schon von der Schule bei einem Kopie-Center in Auftrag gegeben. So braucht man lediglich das entsprechende Geschäft ausfindig zu machen, seinen Vers aufzusagen, und alle Wege des Vorschreibens stehen offen.

3. Selbst wenn Klassenarbeitshefte verwendet werden, gibt es einen Weg des Vorschreibens. Es handelt sich meist um normale DIN-A 4-Hefte, die zur Arbeit ausgegeben werden. Betrachtet man einmal ein Schulheft, so wird man feststellen, daß ca. 15 DIN-A 4-Doppelbögen übereinanderliegen und im Knick an zwei Stellen zusammengeheftet sind. Will man bei dieser Form von Klassenarbeiten die Methode des Vorschreibens nutzen, nimmt man sich die entsprechenden Doppelbögen aus normalen DIN-A 4-Heften der gleichen Art und schreibt die ersten beiden Seiten (Vorder- und Rückseite) voll. Will man nun während der Arbeit einen vorgeschriebenen Bogen in das Klassenarbeitsheft einfügen, schlägt man das Heft in der Mitte auf, öffnet die Bügel der Heftklammern und kann so sämtliche Doppelbögen herausnehmen. Jetzt braucht man nur noch den vorgeschriebenen Bogen an der richtigen Stelle einzufügen und die Klammern wieder zu schließen. Nachteilig bei diesem Verfahren ist die Tatsache, daß man vorgeschriebene Bögen nur einordnen kann, wenn das Heft maximal bis zur Hälte vollgeschrieben ist. Hat man diese Grenze überschritten, so kann man natürlich dem Lehrer gegenüber behaupten, daß man das Heft zu Hause verlegt habe. Auf diese Weise erhält man ein neues Heft und somit erneut günstige Bedingungen.

Allgemeine Bewertung der Vorschreib-Methode: Die Erfahrung hat gezeigt, daß die günstigste Methode in der Kombination mehrerer Verfahren besteht. Hervorragend eignet sich das Vorschreiben in Verbindung mit dem WBI- oder Karteikarten-System, auch weil der zeitliche Aufwand für das Vorschreiben geringer ist.

4.3. Externes Schreiben

Unter dieser Bezeichnung versteht man das Anfertigen von Klassenarbeiten oder Klausuren von jemandem außerhalb des eigentlich dafür vorgesehenen Raumes. Um dies zu ermöglichen, müssen zunächst bestimmte Bedingungen erfüllt werden:

1. Es muß eine zweite Person zur Verfügung stehen, die die Arbeit oder Klausur außerhalb des Klausurraumes anfertigen kann.
2. Es muß jene Art von Bögen, die während der Klausur benutzt wird, in ausreichendem Maß vorhanden sein.
3. Der »Ghostwriter« muß den Aufgabenzettel bekommen.
4. Die Kontaktperson muß einen geeigneten Ort zur Verfügung haben.
5. Es muß die Übergabe der extern geschriebenen Klausur geregelt sein.

zu 1. Das Finden eines Helfers, der die Klausur oder Klassenarbeit schreibt, dürfte für Leute, die sich für dieses Verfahren entscheiden, nicht allzu schwer sein. Denn wer die Dreistigkeit für diese Methode besitzt, hat auch meistens geeignete Freunde. In allgemeinbildenden Schulen kommen nur Schüler in Frage, die sich in einer anderen Klasse befinden und nicht selber gerade eine Arbeit schreiben müssen. An Fachhochschulen und Universitäten werden in der Regel mehrere Klausurtermine angeboten, so daß sich der Kreis der in Frage kommenden Studenten erweitert. Natürlich kann auch eine völlig außenstehende Person helfen.

zu 2. Es erübrigt sich, auf die Beschaffung von Klausurbögen weiter einzugehen (da dieses Thema bereits ausführlich dargestellt wurde und wohl schon ein Lernerfolg beim Leser unterstellt werden darf).

zu 3. Damit der Ghostwriter die Aufgabenstellung kennt, muß man sich zunächst entweder einen zweiten Aufgabenzettel besorgen oder die Fragen in Kurzform auf einem kleinen Blatt Papier notieren. Dann bieten sich verschiedene Verfahren an, dieses Schriftstück an den Mann zu bringen:

a) Wenn man einen Fensterplatz hat, hält man das Fenster schon vor Beginn der Klausur oder Arbeit geöffnet, knüllt das Papier zu einem kleinen Kügelchen und wirft es in einem unbeobachteten Moment hinaus. Die Kontaktperson weiß natürlich, wann sie aufzupassen hat, und holt sich den Aufgabenzettel.

b) Man hat einen Platz in unmittelbarer Nähe der Tür und schiebt den Bogen in einem unauffälligen Augenblick flach durch den Türschlitz nach draußen, wo der Kontaktmann bereits geduldig wartet.

c) Man wartet, bis etwa 10 bis 15 Minuten der Klausurzeit verstrichen sind, und bittet darum, austreten zu dürfen. Um eventuellen Zweifeln seitens des Paukers vorzubeugen, kann man schon ein entsprechendes Attest mitbringen (siehe Sonderkapitel »Bescheinigungen und Atteste«).

d) Die Kontaktperson tritt während der Arbeit nach ca. 10 Minuten in den Klassen- bzw. Klausurenraum und bittet den Bekannten um seinen Auto-, Mofa-, Mopedschlüssel. — Der Schüler oder Student hat vorher auf einem kleinen Zettel die Fragestellungen in Kurzform notiert und ihn in die Schlüsseltasche des Schlüsselbundes gelegt. Vor allen Augen übernimmt der Helfer den unverdächtig erscheinenden Schlüsselbund mit der Aufgabenstellung. Anstelle von Schlüsseltaschen mit Reißverschluß kann man auch kleine Taschenlampen (als Schlüsselanhänger) zweckentfremden. Man entfernt nur die Batterie und hat so genug Platz für ein kleines, aber gehaltvolles Papierkügelchen. Der Vorteil bei diesem Verfahren ist es, daß die Übergabe vor den Augen des Dozenten oder Fachlehrers erfolgt, der dies in seiner »treuen Gutgläubigkeit« für eine harmlose Handlung hält und niemandem die Dreistigkeit eines derartigen Täuschungsversuches zutraut. (Man muß den Paukern nur immer einen Schritt voraus sein. Selbst die gewieften und noch nicht »verkalkten« Pauker, die meinen, selbst das beste »Schummelabwehrsystem« zu haben und angeblich von allen Tricks wissen, kennen nur die bereits verjährten Kniffe von gestern.) In jedem Fall weiß die Aufsichtsperson die Schlüsselaktion nicht einzuordnen. Sollte der Dozent oder Lehrer stutzig werden oder Fragen stellen, so kann man immer sagen, daß man dringend nach Hause oder in die Stadt müsse und das eigene Auto (Moped, Mofa) nicht anspringt. Bei diesem Verfahren ist es allerdings wichtig, die Übergabe nicht ständig auf die gleiche Weise durchzuführen — letztendlich könnte sonst doch mal jemand auf den Trichter kommen, Verdacht schöpfen und sich die Schlüssel einmal näher betrachten.

e) Z. B. an Fachhochschulen und Universitäten werden in der Regel mehrere Klausurtermine angeboten. So setzt sich die Kontaktperson, die entweder den Schein schon hat — was natürlich der in dieser Beziehung überforderte Dozent bei der Vielzahl der Studenten nicht weiß — oder ihn zu einem späteren Zeitpunkt erst erwerben will, mit in den Klausurenraum. Der Kommilitone erhält ebenso wie die anderen einen Aufgabenzettel und verläßt nach einigen Minuten den Raum. So etwas ist durchaus nicht selten, denn viele Studenten setzen sich mal mit rein und versuchen, allein mit ihrem Basiswissen, ohne größere Vorbereitung, eine Klausur zu bestehen. Ähnlich ist es auch an Gymnasien in der reformierten Oberstufe möglich, da ein Teil der Klausuren freiwillig geschrieben wird. Wenn der Lehrer ein Verlassen des Raumes nur gestattet, wenn Aufgaben- und Klausurzettel abgegeben werden, sollte man sich vorher entsprechende Notizen gemacht oder die Fragen eingeprägt haben.

zu 4. Um die Klausur extern zu schreiben, muß der Helfer einen ungestörten Platz zur Verfügung haben, möglichst in nicht allzu großer Entfernung vom Klassen- oder Klausurenraum. An Universitäten gibt es in dieser Hinsicht wenig Probleme, da auf dem Campus genügend unbesetzte Seminar- und Vorlesungsräume zur Verfügung stehen. An Fachhochschulen und allgemeinbildenden Schulen eignen sich z. B. leere Klassenräume, der Tischtennisraum, das Fotolabor, auch ein Keller- oder Bodenraum. Ansonsten setzt man sich ins meist in der Nähe befindliche Stammcafé.

Damit die Kontaktperson in der Lage ist, die fremde Klausur zufriedenstellend zu beantworten, muß sie entweder selber im Stoff stecken und ihn beherrschen oder das entsprechende Material zur Verfügung haben. Sie muß die Aufgaben in einem kürzeren Zeitraum lösen als die regulär schreibenden Schüler oder Studenten, denn die Zeit für die Übergabe der Fragen und die Entgegennahme der extern geschriebenen Arbeit muß ja von der festgesetzten Zeit abgezogen werden. Deshalb muß die Kontaktperson das notwendige Informationsmaterial möglichst übersichtlich geordnet haben. An Fachhochschulen und Universitäten ist es üblich, nach Scripten, Repetitorien oder eigenen Mitschriften zu arbeiten. In jedem Fall ist es für den Hilfsschreiber eine Erleichterung, wenn man für das Stoffgebiet ein Inhaltsverzeichnis angefertigt hat. Im übrigen ist man ja in diesen Fällen in der Regel nicht bestrebt, mit einer 1 + oder »summa cum laude« abzuschließen, sondern schlicht damit zufrieden, wenn man die Klausur grade noch mal »über die Kante gezogen« (= bestanden) hat.

zu 5. Die Übergabe der fertigen Klausur erfolgt meistens auf der Toilette, da es sich hier um einen relativ unauffälligen und »heiligen« Ort handelt. Dafür hat man einen gemeinsamen Zeitpunkt vereinbart — z. B. zehn Minuten vor dem regulären Abgabetermin. Handelt es sich bei der Aufsicht um einen mißtrauischen Pauker, der auch auf den Locus geht, besteht noch lange kein Grund zur Panik: Ruhig bleiben (!) und sich in dem »Ort für große Geschäfte« einschließen. Der Hilfsschreiber bleibt im benachbarten Klo sitzen. Jetzt erfolgt die Übergabe unter der Trennwand. Um etwaige Geräusche (Rascheln) dabei zu überdecken, wird die Wasserspülung betätigt. Fälle, bei denen eine Aufsichtsperson einem Schüler oder Studenten auf den »locus vivendi« folgt, sind jedoch außerordentlich selten.
Der Empfänger sollte nach Möglichkeit einen locker anliegenden Pulli tragen, unter den er dann den Klausurbogen schieben kann. Eine andere Möglichkeit gibt es bei einer Wolljacke oder einem Jackett mit weiten Ärmeln: Der Bogen wird um den Unterarm gewickelt und durch den darübergeschobenen Ärmel verdeckt. So transportiert man das hochwertige Material an seinen Platz im Klassen- oder Klausurenraum und braucht nur noch einen günstigen Moment abzupassen, in dem die extern geschriebene Arbeit gegen die bisherige (gewissermaßen das Muster ohne Wert) ausgetauscht wird.

Entscheidende Bedingung für die Anwendung der Extern-Schreib-Methode ist, daß der Dozent oder Lehrer weder das Schriftbild der Kontaktperson noch die Originalschreibweise des Studenten kennen darf. Diese Voraussetzung wird jedoch in den meisten Fällen erfüllt, wenn man nicht gerade für eine riesige oder anderweitig stark ausgeprägte Handschrift bekannt ist.

4.4. Der technische Fortschritt

Nicht nur der heutige Stand der Technik, sondern auch die Preisgünstigkeit bestimmter elektronischer Geräte hat es vielen Schülern und Studenten ermöglicht, eine neue Dimension des Täuschungsversuches zu begründen. Gemeint ist die drahtlose Informationsübermittlung — kurz: Sprechfunk. Mit Funkgeräten sind die sogenannten Walkie-talkies gemeint, die in vielen Kauf- und Warenhäusern schon zu Schleuderpreisen (50 bis 80 DM) erhältlich sind. Dies ist gewissermaßen eine Variante des externen Schreibens; dabei diktiert die Kontaktperson dem Schüler oder Studenten im Klausurenraum die Antworten mittels Sprechfunk. Doch auch hier gibt es Grundregeln, die zunächst beachtet werden müssen:

a) Das Sprechfunkgerät muß mindestens eine Reichweite von drei Kilometern besitzen.
b) Der Student im Klausurenraum muß ein umgebautes Walkie-talkie (kurz Empfänger) besitzen, das für niemanden optisch oder akustisch wahrnehmbar sein darf.
c) Die sendende Kontaktperson muß einen absolut ungestörten Ort in der Schule oder in der Nähe zur Verfügung haben.

Der Umbau des Empfänger-Walkie-talkies ist mit etwas technischem Sachverstand (ausreichende Leistungen im technischen Werken der vierten Grundschulklasse!), einem bißchen Kabel und einem Lötkolben ohne größere Probleme in Heimarbeit möglich.

Im wesentlichen müssen zwei Maßnahmen getroffen werden:

a) Der Lautsprecher-Mikrofon-Anschluß muß gekappt und ein gesonderter Lautsprecheranschluß (ein zweipoliges Kabel) aus dem Gehäuse gelegt werden.
Bei einem Walkie-talkie wird der Lautsprecher sowohl als Empfänger wie auch als Mikrofon genutzt. Man kann also nicht das Mikrofon stillegen, ohne nicht auch gleichzeitig den Lautsprecheranschluß zu entfernen (zumindest nicht mit den Kenntnissen eines Viertkläßlers). Für das Emp-

fängergerät wird nur ein gesonderter Lautsprecheranschluß benötigt.
Man verfolgt bei geöffnetem Gehäuse den Drahtverlauf des Lautsprecher-Mikrofon-Teiles und schneidet die Drähte durch. Anstelle der gekappten Drähte wird ein zweipoliges Kabel an derselben Anschlußstelle (Schalter) angelötet, das anschließend aus dem Gehäuse führen soll. Wenn sich der Lötkolben inzwischen nicht schon durch die Schreibtischplatte gebrannt hat, kann man ein Loch in das Gehäuse glühen, um das Kabel später nicht einzuklemmen. Eine mit einem Seitenschneider gekniffene Kerbe erfüllt diesen Zweck aber genauso. An das aus dem Walkie-talkie führende Kabel (ca. 50 cm) wird jetzt ein Ohrhörer kleinster Größe (»Knopf im Ohr«) angeschlossen, den man für 2,50 DM im Elektrogeschäft bekommt.

b) Für einen einwandfreien Empfang ist eine Antenne unumgänglich — jedoch ist aus naheliegenden Gründen die übliche 120 cm lange Teleskopantenne weniger geeignet. Daher wird die mit einer Kreuzschlitzschraube befestigte Antenne des Walkie-talkies entfernt und ein etwa drei bis vier Millimeter starker und ein Meter langer isolierter Kupferdraht angeschraubt oder -gelötet.

Sind beide Arbeiten fertig, so ist der eigentliche Umbau bereits abgeschlossen, und das Gehäuse kann wieder verschraubt werden. Sämtliche weiteren Maßnahmen sind einfach und die entsprechenden Teile relativ leicht zu beschaffen:

1. Man besorgt sich eine etwas ältere, gebrauchte Lederjacke mit einer möglichst großen Innentasche im Futter.
2. Man kauft bei einem Hörgeräteakustiker etwa 20 cm schalldichten Schlauch der kleinsten Durchmesserstärke und ein kleines Endstück fürs Ohr (Ohranschluß).
3. Man besorgt sich ein Netzgerät für das Sender-Walkie-talkie, da die maximale Reichweite der Sprechfunkgeräte häufig mit einem 220-Volt-Anschluß vergrößert werden kann.

4. Jetzt fehlt nur noch eine Rolle Leukoplastband.
Als erstes bohrt man die Öffnung des Ohrhörers (»Knopf im Ohr«) so weit auf, daß der schalldichte Schlauch reingeschoben werden kann und festsitzt. Auf keinen Fall darf man zu tief bohren, um nicht die Membrane des kleinen Lautsprechers zu zerstören. Danach wird der Ohrhörer mit reichlich Leukoplastband umwickelt, damit erstens der Schlauch nicht herausrutschen und zweitens später kein Geräusch entweichen kann. Daran braucht man nur noch den eigentlichen Ohranschluß auf das andere Schlauchende zu stecken. Der Vorteil von Schlauch und Ohranschluß besteht darin, daß beide extrem klein sind und aus durchsichtigem Material bestehen.
Anschließend wird das Futter der Jackeninnentasche so weit aufgeschnitten, daß das Walkie-talkie zwischen Leder und Jackeninnentasche paßt, äußerlich aber nicht sichtbar ist. Andererseits muß das Gerät auch ruhig sitzen und darf nicht bei jeder Bewegung hin und her rutschen.

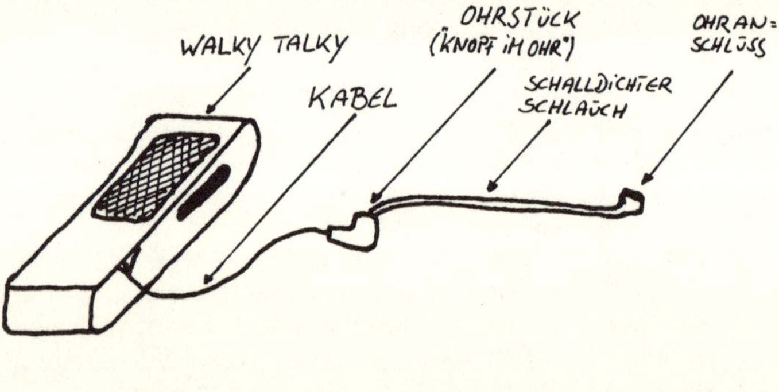

Als nächstes wird das Antennenkabel (isolierter Kupferdraht) so im Jackenfutter befestigt, daß es möglichst lang und gestreckt hängt. Man kann die Antenne auch in ein Hosenbein hängen (keine Angst, der Draht steht nicht unter Strom).

Für den Anbau des Ohrhörers müssen einige Vorbereitungen getroffen werden. Der Schüler oder Student, dem die Antworten diktiert werden sollen, muß unter der Lederjacke einen Rollkragenpulli oder ein Hemd mit hohem Kragen tragen, und seine Haarpracht sollte nach Möglichkeit nicht aus einem Mecki-Schnitt bestehen. Günstig wäre es, wenn die Haare im Nacken etwas voller sind und seitlich die Ohren zumindest zur Hälfte bedecken.
Das Lautsprecherkabel wird unter dem Pulli entlang der Wirbelsäule geführt und mit Leukoplastband so befestigt, daß kein Verrutschen möglich ist. Am Halswirbel darf das Kabel bzw. der Schlauch aber nicht zu stramm anliegen. Man muß den Kopf noch problemlos bewegen können, damit es nicht so ausieht, als ob man Genickstarre hätte. Um den Schlauch gut hinters Ohr führen zu können, ist es wichtig, die »Knickstelle« möglichst hoch an der Wirbelsäule anzusetzen. Zu diesem Zweck werden die Nackenhaare vor dem Befestigen weit hochgekämmt. Um ein gutes Kleben des Leukoplastbandes zu gewährleisten, empfiehlt es sich, den Nackenflaum vorher auszurasieren. Anschließend wird der Schlauch hinters Ohr geführt und das Ohrstück von oben eingesetzt.

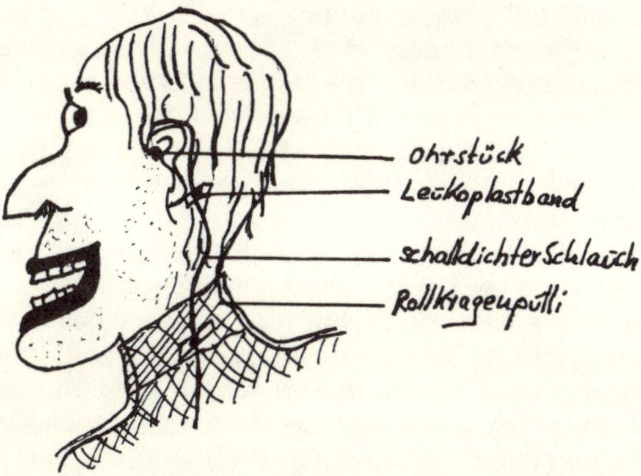

Als Letztes werden die Haare im Nacken und an der Seite ordentlich gekämmt, so daß alle verdächtigen Teile bedeckt sind. Nun überprüft man nur noch, ob genug Bewegungsfreiheit besteht — und ist jetzt für den Einzelleistungsnachweis gewappnet.

Für den Laien erscheint der Anbau des Gerätes relativ umfangreich und abschreckend. Kennt ein eingespieltes Team jedoch die notwendigen Handgriffe, so kann man einen Wissensbedürftigen sogar innerhalb einer kurzen Schulpause (fünf Minuten) mit der notwendigen Gerätschaft bestücken. Die Handhabung im einzelnen:

a) Nachdem man das Gerät entsprechend installiert hat, begibt sich der Diktierende an sein stilles Örtchen. Dort sollte sich nach Möglichkeit eine Steckdose befinden, um das Netzgerät für das Sender-Walkie-talkie benutzen zu können.
b) Die Kontaktperson spricht jetzt etwa drei bis vier Minuten einen beliebigen Text ins Walkie-talkie, damit der Empfänger sein Gerät entsprechend einstellen kann. Der »empfangende« Schüler sollte sich dabei in der Nähe des Klausuren- oder Klassenraumes befinden und durch Veränderung der Lautstärke an seinem Gerät die optimale Feineinstellung vornehmen.
c) Die Vorbereitungen sind jetzt beendet. Der »unwissende« Student begibt sich in die Höhle des Löwen und besorgt sich einen zweiten Aufgabenzettel oder schreibt die Fragen ab. Für die Übergabe der Aufgaben wird eine der bereits beschriebenen Methoden gewählt.
d) Der Kontaktmann erhält die Fragestellungen und beginnt, die dazugehörenden Antworten von seinem Versteck aus über Sprechfunk zu diktieren.

Wichtig für das Diktieren ist, daß man in einem gleichmäßigen Tempo spricht und jeden Satz einmal wiederholt, damit der Empfänger, hat er einmal den Anschluß verloren oder akustisch etwas nicht verstanden, den Satz richtig beenden kann. Diktieren und Mitschreiben müssen vorher geübt sein!

PRINTPLATTENANSICHT

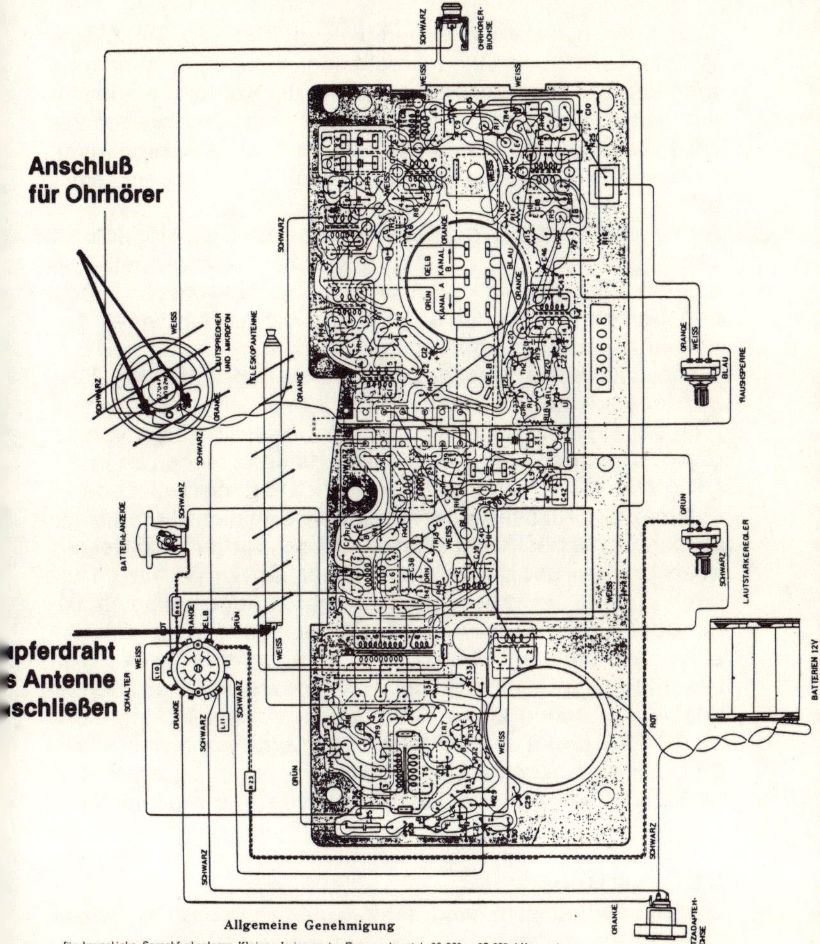

Allgemeine Genehmigung

für bewegliche Sprechfunkanlagen Kleiner Leistung im Frequenzbereich 26 960...27 280 kHz nit FTZ-Serienprüfnummer der Kennbuchstabenreihe „PR 27 ..."

(vom 1. Feb. 1976)

Das Errichten und Betreiben beweglicher Sprechfunkanlagen kleiner Leistung im Frequenzbereich 26 960...27 280 kHz, die

a) eine gültige FTZ-Serienprüfnummer der Kennbuchstabenreihe "PR 27..."tragen" und

b) für die Betriebsart "Wechselsprechen auf 1 Frequenz" und für keine andere Betriebsfrequenz,als nachfolgend genannt ausgerüstet sind,

wird aufgrund der §§ 1 und 2 des Gesetzes über Fernmeldeanlagen vom 14 Januar 1928 für den Geltungsbereich dieses Gesetzes hiermit genehmigt, soweit durch ihren Betrieb andere Fernmeldeanlagen, die öffentlichen Zwecken dienen, und Funkanlagen, die auf Frequenzen ausserhalb des Frequenzbereiches 26 960...27 280kHz betrieben werden, nicht gestört werden:

Man kann bei diesem Schummelverfahren am Empfänger-Walkie-talkie auch einen Druckknopf installieren (Verlängerung der Ruftaste), der es ermöglicht, der Kontaktperson klarzumachen, daß man beim Diktat den Anschluß verloren hat. Hört die sendende Person das Rufzeichen (Rückkopplung), wiederholt sie den Satz und setzt das Diktat in ruhigem Tempo fort.

Außer einem Raum in der Schule gibt es auch die Möglichkeit, von einem Auto aus zu diktieren. Unter diesen Umständen schließt man das Walkie-talkie an die Autobatterie (z. B. über den Zigarettenanzünder) an und nutzt die Autoantenne für einen einwandfreien Empfang.

Bisher wurde der einseitige drahtlose Informationsfluß beschrieben. Natürlich kann der Empfänger die Aufgabenstellung per Funk durchgeben. Das ist riskant und setzt voraus, daß man während der Klausur unauffällig sprechen kann.

Der große Vorteil der drahtlosen Verständigung besteht darin, daß man den Klassen- oder Klausurenraum nicht zu verlassen braucht (bzw. höchstens einmal, um den Aufgabenzettel hinauszubringen) und die Aufsichtsperson nicht im Traum an das denken würde, was sich gerade vor ihren Augen abspielt. Bei richtiger Handhabung kann der Pauker sogar unmittelbar neben einem stehen und wird dennoch nicht ein einziges Wort des Diktates vernehmen können! Allerdings muß man auch zugeben, daß schon einige Dreistigkeit dazugehört, um diese Methode zu praktizieren. Es soll auch nicht verschwiegen werden, daß die Konsequenzen (Strafmaßnahmen) entsprechend hart ausfallen werden, wenn man sich dabei erwischen läßt.

4.5. Der Ghostwriter

Der Ghostwriter ist jemand, der für einen anderen eine Klausur schreibt; wobei der Unterschied zum externen Schreiben darin besteht, daß der Ghostwriter jetzt selbst im Klausurenraum sitzt. Man unterscheidet bei dieser Methode verschiedene Varianten:

Variante 1: Person A will für Person B eine Klausur schreiben. A und B sind beide im Raum und sitzen vor- oder nebeneinander. Während B seinen Bogen mit belanglosem Geschreibsel füllt, schreibt A die Klausur unter Bs Namen. Am Ende der Prüfungszeit reicht A die Klausur an B, und B geht nach vorne, um »seinen« Leistungsnachweis abzugeben. A dagegen verläßt im allgemeinen Abgabegetümmel den Raum, ohne etwas abzugeben.
Variante 1 ist nur empfehlenswert, wenn durch die Aufsichtsperson günstige Bedingungen zum Klausurentausch gegeben werden. Ansonsten gibt es keine Probleme, da sich ja beide Namen auf einer eventuell angefertigten Anwesenheitsliste befinden.
Variante 2: A und B sitzen beide im Klausurenraum, wobei die räumliche Distanz zwischen beiden keine Rolle spielt. A schreibt die Klausur unter Bs Namen und gibt am Ende der Prüfung mit diesem falschen Namen auch die Arbeit ab. Währenddessen kann B zum Beispiel auf seinem Klausurbogen einen Brief an seine Freundin schreiben, um die Zeit sinnvoll zu überbrücken. Diesmal verläßt also B den Raum, ohne etwas abzugeben, hat aber dennoch eine gute Arbeit geschrieben!
Diese Variante ist nur möglich, wenn der Dozent die Klausuren bei der Abgabe nicht einzeln kontrolliert bzw. die Namen anhand der Personalausweise überprüft. Eine Ausweiskontrolle vor Klausurbeginn birgt dagegen keine Schwierigkeiten. Selbst wenn der Pauker A und B persönlich kennt, jedoch die Namen auf den Klausurbögen nicht zu überprüfen pflegt, ist die Anwendung dieser Variante problemlos.
Variante 3: B befindet sich überhaupt nicht im Klausurenraum und sieht sich statt dessen vielleicht das Vormittagsprogramm im Fernsehen an. A dagegen fertigt unter falschem Namen die Arbeit für B an. Der Name von B ist aber auf der Anwesenheitsliste eingetragen — und B besteht auch die Prüfung.
Diese Variante eignet sich nur, wenn der Dozent B und A nicht mit richtigem Namen kennt und keine Ausweiskontrolle durchführt.

Variante 4: Hierbei handelt es sich um die inoffizielle Krönung des Ghostwritens!
A ist überhaupt kein Student der Hochschule oder dieses Fachbereiches. Er ist vielleicht Chemiestudent und wird sozusagen allein für eine Chemieklausur entliehen. A erscheint also im Klausurenraum, wird unter dem Namen von B in der Anwesenheitsliste geführt und gibt auch selbst »seine« Arbeit ab. A absolviert also gewissermaßen ein Gastspiel unter fremdem Namen. Natürlich kann in einem Härtefall, wo B ausschließlich dieser eine Schein fehlt, ein solches Gastieren auch die Bedeutung einer Benefizveranstaltung bekommen.
Die Bedingungen sind natürlich die gleichen wie bei Variante 3. Wem diese Methode unwahrscheinlich, ja vielleicht sogar utopisch vorkommen mag, kann beruhigt werden und darf sich getrost wieder bequem in den Sessel zurücklehnen: Es ist ein praktikables Verfahren, und mir sind alleine sechs Fälle an meiner ehemaligen Lehranstalt bekannt. Dies läßt sich auch relativ plausibel erklären. In einem Semester befinden sich heute so viele neue Gesichter und neue Namen, daß die Dozenten häufig erst in höheren Semestern in der Lage sind, die Studenten namentlich zu unterscheiden. Im übrigen gibt es auch einige Dozenten, die nur in einem Semester unterrichten bzw. einen Lehrauftrag haben. Diese Pauker stecken meistens so wenig im Lehrbetrieb, daß sie sich überhaupt keine Gedanken über eventuelle Täuschungsversuche machen, eignen sich also ausgezeichnet für derartige Aktionen.
Der Gipfel der Unverschämtheit bestand einmal darin, daß ein Student unter falschem Namen an einer mündlichen Prüfung teilnahm und sie bestand. Die absolute Härte erlaubte er sich dann, als er sieben Tage später mit verändertem Äußerem unter seinem eigenen Namen vor die Augen derselben Prüfungskommission trat. Die Professoren waren wohl etwas stutzig geworden, trauten dem Studenten eine derartige Dreistigkeit aber offensichtlich nicht zu. Und so geschah das Unbegreifliche: Ein Student bestand zweimal die gleiche mündliche Prüfung vor derselben Prüfungskommission unter zwei verschiedenen Namen!

4.6. Beschaffungsmöglichkeiten

Dieser Abschnitt beschäftigt sich mit Aktivitäten vor Beginn der Arbeit oder Klausur, womit weniger das Lernen gemeint ist als vielmehr das Bemühen, vorzeitig an die Aufgabenstellung zu gelangen. Um dabei erfolgreich zu sein, muß man einige Gewohnheiten der Pauker und Dozenten kennen. Somit müssen folgende Fragen geklärt werden:

1. Tippt der Lehrer seine Aufgabenzettel selber, oder gibt er der Sekretärin die Fragen zum Tippen?
2. Wann und wo werden die Aufgabenzettel vervielfältigt?
3. Wo werden die Aufgabenzettel bis zur Prüfung verwahrt?

Hat man diese Fragen beantwortet, so bieten sich je nach Sachlage entsprechende Abfangmöglichkeiten. Dabei versucht man den Ablauf vom Zeitpunkt des Schreibens des Aufgabenzettels (seitens des Dozenten) bis zum offiziellen Vorlegen der Fragen in der Klausur zu unterbrechen bzw. kurz einen ergiebigen Blick auf die Fragestellung zu werfen. (Es soll an dieser Stelle einmal betont werden, daß es nicht darum geht, den Leser zu derartigen nicht erlaubten Handlungen zu animieren. Vielmehr sollen ihm der jeweilige Ablauf deutlich gemacht und die entsprechenden Lücken und somit Ansatzpunkte vor Augen geführt werden. Ob oder welche der angeführten Maßnahmen man wählt, bleibt jedem selbst überlassen.)

Betrachten wir die einzelnen Abfangmöglichkeiten näher:

a) Zum Zeitpunkt der Vervielfältigung

Als erstes muß man klären, ob die Aufgabenstellung kopiert oder mit Hilfe einer Matrize vervielfältigt wird. Im allgemeinen wählt ein Dozent oder Lehrer immer dasselbe Verfahren, so daß diese Frage in der Regel nur einmal geklärt werden muß. Ferner ist Voraussetzung, daß man Zugang zum Vervielfältigungsgerät hat. Befindet sich das Gerät im Sekretariat oder in einem Raum, der auch für Schüler oder Studenten zur Verfügung steht? Im ersten Fall muß man also einen entsprechenden Vorwand suchen, um sich in dem Raum für einen mehr oder weniger langen Zeitraum aufhalten zu können. Ein Grund

wäre z. B., wenn man ein Referat oder etwas Privates abziehen möchte. Entscheidend ist, daß man keinen Verdacht weckt, wenn man sich dort aufhält. — Also nicht mit fiebernden Augen die Sekretärin anstarren und 20 Minuten über das Wetter plaudern! — Etwas einfallsreicher sollte man schon sein —. Während man also an dem besagten Gerät mit seiner Arbeit beschäftigt ist, sollte man versuchen, im nebenstehenden Papierkorb die weggeworfenen Matrizen zu kontrollieren. Nach dem Vervielfältigen wird nämlich üblicherweise die Matrize, auf jeden Fall aber der geschwärzte Durchschlagbogen weggeworfen, da er zumindest für den Pauker wertlos ist und nur dreckige Finger verursacht. Der Durchschlag ist zwar ohne weiteres nicht lesbar, da die Buchstaben seitenverkehrt abgedruckt sind, aber das Problem läßt sich leicht beheben: Man liest einfach mit Hilfe eines Spiegels das heiße Material (zu Hause natürlich). Das ganze Unterfangen hat jedoch nur Sinn, wenn man weiß, daß an diesem Tag die Aufgaben vervielfältigt wurden.
Sind die Möglichkeiten während des Lehrbetriebes zu riskant, so kann man beispielsweise am Abend in das Lehrgebäude marschieren, um offiziell Tischtennis zu spielen, ins Fotolabor zu gehen oder mit einer Arbeitsgruppe zu üben; inoffiziell wirft man bei dieser Gelegenheit ein Auge in den vielleicht ergiebigen Papierkorb. Man kann sich auch spät abends noch Zutritt verschaffen, indem man den Hausmeister darum bittet, noch schnell ein paar Seiten eines wichtigen Scriptes kopieren zu dürfen. Um derartige außergewöhnliche Gefälligkeiten erbitten zu können, muß eine wichtige Regel befolgt werden: Prinzipiell sollte man zum Personal, also dem Hausmeister, den Sekretärinnen und den Raumpflegerinnen gegenüber ein gutes bis sehr gutes Verhältnis anstreben. Allein eine Weihnachtskarte oder ein nettes Gespräch kann schon Wunder wirken. Unabhängig davon, daß sie meist wirklich sehr nett und umgänglich sind, können diese Leute einem manchmal unbewußt Hilfestellung leisten.

b) Nach der Vervielfältigung

Voraussetzung ist, daß man weiß, wo die Klausurfragen aufbewahrt werden. Meistens kann man unterstellen, daß die Sekretärin die begehrten Fragen in demselben Raum aufbewahrt, in dem sie einen großen Teil ihrer Tipparbeit erledigt. Aufgabe ist es nun, mit Hilfe einer zweiten Person die Sekretärin aus diesem Raum zu lotsen, um zügig die entsprechenden Ablagefächer für die Dozenten abzuchecken. Befindet sich in diesem Raum z. B. auch das Vervielfältigungsgerät, kann man auf diese Weise auch gleich den Inhalt des Papierkorbes kontrollieren. So ist es durchaus möglich, daß man in einem glücklichen Moment bei einer derartigen Aktion zwei oder drei »Richtige« zieht.

An allgemeinbildenden Schulen, Fach- und Berufsschulen werden die Vervielfältigungen meist in spezielle Ablagefächer der jeweiligen Pauker gelegt. Verschafft man sich außerhalb des Unterrichtes z. B. am Nachmittag oder Abend Zugang zum Lehrerzimmer, kann man in diesen Fächern durchaus fündig werden.

Der Vollständigkeit halber soll auch erwähnt werden, daß die Möglichkeit besteht, per Nachschlüssel oder geöffnetem Fenster abends ins Lehrgebäude zu gelangen, um in dem vermeintlichen Raum zu schnüffeln. Aber nicht nur in Anbetracht der Tatsache, daß man ein äußerst großes Risiko eingeht, sondern auch weil man eine Straftat begeht — zumindest kann es im negativen Fall so ausgelegt werden —, ist unbedingt von derartigen Eskapaden abzuraten. Der Wert einer Klausur, die man vorzeitig erhält, sollte immer im Verhältnis zum damit verbundenen Risiko gesehen werden. Mit einem Einbruch überschreitet man aber in jedem Fall das vertretbare Maß. Statt dessen sollte man es sich lieber zur Gewohnheit machen, vor jeder Arbeit Stippvisiten bei den entsprechenden Papierkörben zu machen. Es sind eine Reihe von Zufallstreffern möglich, die es einem erlauben, seine Schummelvorbereitungen auf wenige Fragen zu beschränken.

4.7. Klausuranfertigung mit Fremdhilfe: GOLDEN CIRCLE

Hierbei handelt es sich gewissermaßen um eine Variante des Ghostwritens. Person A und Person B sitzen beide im Klausurenraum und müssen beide die schriftliche Prüfung in einem naturwissenschaftlichen Fach wie Mathe, Physik oder Chemie absolvieren. A hat vom Stoff mal wieder keinen blassen Schimmer oder, wie es im Fachjargon heißt, »keine Schnallung«. Dagegen gehört B zu den Leuchten des Semesters oder der Klasse. Beide haben sich dahingehend abgesprochen, daß B das nötige Wissen an A weiterleiten wird. Voraussetzung für das Gelingen dieser Methode ist, daß A routiniert im Klausurentausch und die Aufsichtsperson nicht gerade als allzu scharfer Hund verschrien ist.

Der Ablauf des GOLDEN CIRCLE bzw. der Informationsaustausch läuft wie folgt:

- B sitzt dicht hinter A und läßt sich zwei Klausurbögen geben.
- B löst die erste Aufgabe und schiebt den Bogen zur rechten vorderen Ecke seines Tisches.
- A greift nach hinten, nimmt den abgelegten Bogen von B und schreibt die erste Aufgabe ab.
- Währenddessen hat B die zweite Aufgabe auf seinem zweiten Klausurbogen gelöst.
- A ist mit dem Übertragen fertig und packt den Bogen bei B auf den Tisch, und zwar auf die linke vordere Ecke des Tisches.
- Anschließend greift A nach hinten rechts, nimmt den Bogen von B mit der zweiten Aufgabe, notiert den Lösungsweg... etc.

Bei diesem System nimmt A den »neuen« Bogen jeweils mit dem rechten Arm und gibt den »alten« Bogen mit links nach hinten, ohne sich dabei umzublicken. Während des Austauschens muß man natürlich genau wissen, wo die Aufsichtsperson ist. Wichtig ist, daß B sich den für die Anzahl der Aufgaben benötigten Platz entsprechend gut einteilt, so daß am Ende

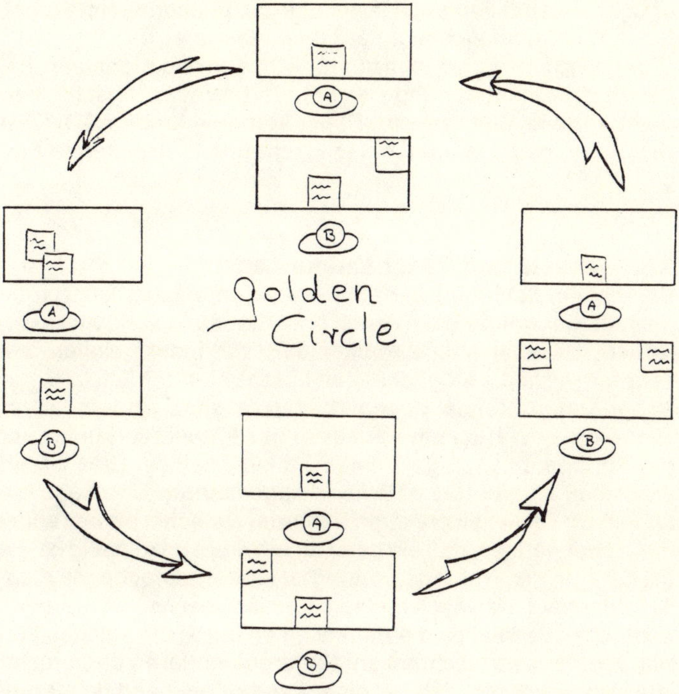

seine beiden Klausurbögen voll sind. Bei dem GOLDEN CIRCLE ergibt sich für A eine chronologische Reihenfolge in der Beantwortung der Aufgaben (Fragen 1, 2, 3, 4...). Bei B dagegen ergibt sich folgende Reihenfolge:
Bogen 1: 1., 3., 5., 7., 9. Aufgabe
Bogen 2: 2., 4., 6., 8., 10. Aufgabe.
Um unnötige Verdachtsmomente bei der Korrektur und anschließenden Benotung zu vermeiden, kann A sich auch mit der Beantwortung von beispielsweise sieben Aufgaben be-

gnügen. Schließlich will A ja nur eine ausreichende Note erhalten und befindet sich nicht auf dem »Karrieretrip«.
Dieses System eignet sich nur für Arbeiten und Klausuren, bei denen die Beantwortung der Fragen bzw. das Abschreiben nicht allzuviel Zeit braucht. Daher kommen für den GOLDEN CIRCLE vorwiegend naturwissenschaftliche Arbeiten in Frage.

4.8. Atteste und Bescheinigungen

Bei einigen Schummelverfahren ist es unumgänglich, zumindest einmal während der Arbeit oder Klausur den Raum zu verlassen. Da aber einige Pauker dies verhindern wollen, beschränken sie die Möglichkeiten auszutreten zeitlich (z. B. nur in der ersten Stunde) oder verbieten es ganz. Andere Lehrer wiederum gestatten ein Verlassen des Klausurenraumes nur bei Vorlage eines sogenannten Pinkelscheines. Dies ist ein ärztliches Attest, das z. B. eine sogenannten Reizblase bescheinigt. Zu diesen prekären Fällen ist zunächst einmal allgemein zu erwähnen, daß ein derartiges Verbot unzulässig ist. Es sei denn, in der Prüfungsordnung ist eine entsprechende Klausel eingebaut, was nach meinem Wissen aber neu wäre. Im wesentlichen versuchen die Pauker einen durch ein solches Verbot auch nur abzuschrecken. Sie argumentieren dann meist wie folgt: Dadurch, daß bei einem Verbot niemand den Raum verläßt, bräuchte auch tatsächlich keiner den Raum zu verlassen; ergo, das Verbot ist berechtigt! Am Rande sei dazu bemerkt, daß diese Logik unter die Rubrik »Milchmädchenrechnung« fällt. Denn wenn ich beispielsweise jemandem seine Tennissocken klaue, dieser aber den Verlust nicht bemerkt, heißt das ja noch lange nicht, daß damit mein Verhalten gerechtfertigt werden kann.
Mit etwas Phantasie und einer Handvoll Selbstbewußtsein besteht jedoch kein ernsthaftes Problem, dieser Art von Dozenten oder Lehrern in adäquater Weise entgegenzutreten. Man braucht nur auf die Forderung nach einer ärztlichen Bescheini-

gung einzugehen und sich tatsächlich eine solche zu besorgen. Nach einschlägigen Erfahrungen ist es außerordentlich einfach, in den Besitz eines entsprechenden Attestes zu kommen.
Unabhängig von der Möglichkeit, daß man einen Mediziner aus dem Freundeskreis der Eltern oder der Verwandtschaft aufsuchen kann, geht man zu einem beliebigen Arzt und beantwortet die Frage, was einem denn fehle, wie folgt: »Bei uns an der Penne haben wir einen Pauker, der es einem nur gestattet, während einer Arbeit den Raum zu verlassen, wenn man einen sogenannten Pinkelschein vorweisen kann. Da es aber manchmal unumgänglich ist, auf dem Klo einen schnellen Blick in das dort deponierte Lehrbuch zu werfen, benötige ich ein solches Attest. Außerdem muß unbedingt verhindert werden, daß derartige Auflagen bzw. Verbote bei uns an der Schule einreißen. Mir geht es nun darum, von ihnen eine solche ärztliche Bescheinigung zu erhalten. Selbstverständlich sollen Sie keine Krankheit aufschreiben, die feststellbar ist, sondern vielmehr etwas attestieren, was nicht unbedingt nachprüfbar ist. Auf diese Weise sind Sie auch gleichzeitig abgesichert. Eignen würde sich z. B. folgende Formulierung: ›Herr... leidet momentan an einer Reizblase — durch Verkühlung des Unterleibes —, was sich in einer häufigen Harnsekretion äußert.‹ Wenn Sie mir eine solche formlose Erklärung ausstellen würden, wäre ich Ihnen sehr dankbar. Damit Sie eine Behandlung bzw. Untersuchung in Ihren Büchern notieren können, habe ich auch gleich einen Krankenschein mitgebracht. Wenn Sie aus moralischen oder persönlichen Gründen eine solche Maßnahme ablehnen, so habe ich dafür volles Verständnis und werde Sie auch nicht mehr damit behelligen.«
Die Ärzte sind meistens derartig perplex und vedutzt, daß es ihnen nur darum geht, sich selbst absichern zu können, um bei eventuellen Nachforschungen der Schule auch tatsächlich eine Behandlung durch Eintragungen in der Patientenkartei vorzeigen zu können. Derartige Kontrollen wären aber völlig neu, zumal es ja auch die ärztliche Schweigepflicht gibt. Jedoch

kann man diese Vorsichtsmaßnahme der Ärzte gut verstehen. Ansonsten finden die Ärzte in der Regel ein solches Begehren sehr komisch, stellt es doch eine amüsante Abwechslung in ihrem Berufsalltag dar. Im übrigen sind auch Mediziner einmal Pennäler und Studiosi gewesen und haben volles Verständnis für Tricksereien.

In einem anderen Fall kann ein ärztliches Attest ebenfalls außerordentlich hilfreich sein. Die Prüfungsordnungen der Schulen und Universitäten beinhalten meist eine Klausel, die besagt, daß man in einem Krankheitsfall eine Klausur oder Arbeit wiederholen kann, wenn eine entsprechende Bescheinigung vorliegt. Befindet man sich nun gerade im Vordiplom oder vor einer Versetzung und muß unbedingt die eine Arbeit oder Prüfung noch bestehen, da man sonst durchfällt, so kann man einen ähnlichen Weg wie oben einschlagen. Man erscheint nicht zur angesetzten Prüfung — vielleicht auch, weil man in letzter Minute erkannt hat, daß die Vorbereitung nicht ausreichend war, oder weil man eine riskante »Gratwanderung« machen müßte — und geht statt dessen zu einem Arzt. Dort erklärt man, wie brisant die Situation ist und daß man ein Semester oder gar ein ganzes Jahr verlieren wird, wenn man keinen Sondertermin erhalten kann. Der Arzt wird einem dann in der Regel eine Krankmeldung ausstellen, die man durch einen Kommilitonen oder Mitschüler später im Sekretariat abgeben läßt. Darauffolgend wird dem Prüfungsausschuß die Bescheinigung vorgelegt, der aber meist nur prüft, ob es sich auch nicht etwa nur um Kopfschmerzen gehandelt hat. Anschließend wird ein sogenannter Sondertermin festgelegt, der es ermöglicht, sich ausreichend auf den Stoff vorzubereiten.

In manchen Lehranstalten gilt ein Krankheitsfall aber nicht als Grund, um einen neuen Termin zu erhalten. Hier werden schwerwiegendere Entschuldigungsgründe verlangt. In diesen Fällen marschiert man einfach zu einem Rechtsanwalt oder Notar, schildert die Situation und läßt sich eine offizielle Vorladung zuschicken, wobei dummerweise natürlich die Anwesenheit zum Zeitpunkt der Prüfung verlangt wird. Als Grund

WANTED
$5000
GE
NE
T

kann der Notar »eine Unterredung über ein verfaßtes oder zu verfassendes Testament mit dem Klienten...« in seine Akten schreiben.
Prinzipiell sollte man Leute, von denen man eine derartige Bescheinigung erbittet, ins Vertrauen ziehen, unbedingt mit offenen Karten spielen und bei einem Gespräch den anderen auf keinen Fall unter Druck setzen. Es ist wichtig, zielbewußt, aber mit Bescheidenheit aufzutreten und nicht durch quengelndes Bitten den Partner zu verschrecken.
Natürlich darf man diese Methode, zumindest die des Sondertermins, nicht überstrapazieren, sie also nur in absoluten Not- bzw. Ausnahmefällen verwenden.

V. Spezialitäten

5.1. Die Lochtechnik

Manche Dozenten, die um die Möglichkeit des Vorschreibens von Klausuren wissen, haben sich eine kleine Schweinerei ausgedacht, mit der sie glauben, ein unüberwindbares Hindernis geschaffen zu haben. Ihr Trick besteht darin, die Originalklausurbögen durch ein oder zwei Löcher in einer Ecke zu markieren. Durch diese Maßnahme soll ein warnendes Signal gesetzt werden, frei nach dem Motto: »So schlau wie die Studenten bin ich allemal«, und jeder vor dem Ziehen eines vorgeschriebenen Bogens abgeschreckt werden.
Sicherlich haben diese Dozenten den anderen Paukern einiges voraus, sind sie doch zumindest nicht ganz so naiv wie manche ihrer Kollegen. Aber diese Hürde wird in ihrer Bedeutung reichlich überschätzt. Gerade jene Pauker, die meinen, das beste Schummelabwehrsystem gefunden zu haben, provozieren einen jeden Trickser, sich spezielle und noch raffiniertere Täuschungsmethoden auszuklamüsern. Gewissermaßen treiben gerade diese Dozenten den technischen Fortschritt der Schummelverfahren voran. Sollten sie sich doch lieber damit zufriedengeben, zuweilen einen Amateur in flagranti zu erwischen. Denn eins muß nochmals herausgestellt werden: *Jede Art der Beaufsichtigung ermöglicht ein Schummeln!*
Will man nun eine Klausur nach der Vorschreib-Methode schinschen, so muß man zunächst einmal nach einer Arbeit feststellen, welchen Lochdurchmesser der verwendete Locher des Lehrers in das Papier gestanzt hat. Als nächstes leiht man sich mehrere Locher und stellt durch Vergleiche fest, welcher die gleiche Größe schafft. Jetzt kann man entweder dieses »Handwerkszeug« mit in die Klausur nehmen und in der Parka- oder Jackentasche verwahren, oder man halbiert mit einer Eisensäge den Locher, so daß man ein handlicheres und kleineres Gerät erhält. Im übrigen kann man sich in größeren Papierwarengeschäften einen sogenannten Taschenlocher besor-

gen. Dies sind relativ kleine Locher, die nur ein Loch stanzen. Hat man nun die besagte Gerätschaft in der Klausur dabei, so zieht man zu einem beliebigen Zeitpunkt seinen vorgeschriebenen Bogen und legt ihn zunächst unter den bereits gelochten Bogen. In einem günstigen Moment werden dann beide Bögen exakt (Kante an Kante) übereinandergelegt, um mit einem dünnen Bleistiftstrich die Lochstelle zu markieren. Jetzt braucht man nur diese Stellen einzustanzen, und schon hat man die unüberwindbar erscheinende Hürde mit null Fehlern genommen. Beide Bögen sind optisch nicht mehr voneinander zu unterscheiden.

Aber auch der Weg des externen Schreibens ist durch eine solche (Pseudo-)Schummel-Verhütungs-Maßnahme keineswegs behindert. Man gibt dem Kontaktmann lediglich neben dem Aufgabenzettel oder der Fragestellung einige zusätzliche Koordinaten an. Diese Zahlen ermöglichen der Kontaktperson, außerhalb des Klausurenraumes den Bogen auch gleich richtig zu lochen. Die Koordinaten können wie folgt lauten: o.r. 1/2 u. 1/4. Die Kontaktperson kennt natürlich diesen Code und weiß: Oben rechts in der Ecke 1 cm in der Höhe und 2 cm in der Breite das erste Loch und 1 cm in der Höhe und 4 cm in der Breite das zweite Loch stanzen. Es gibt allerdings auch die Möglichkeit, daß man erst den extern angefertigten Bogen reinschmuggelt und ihn dann selbst locht.

Übrigens kann man diesen Paukern nach dem Schulabschluß oder Examen ein hübsches Abschiedsgeschenk machen: einen goldfarben lackierten Locher. Ein passender Kommentar dazu wäre: »Ihr System des Lochens ist zwar gut, jedoch veraltet. Versuchen Sie es doch mal mit einer radioaktiven Markierung.«

5.2. Der Federtaschen-Clou

Ein ehemaliger Kommilitone, der sich eine lange Zeit nicht im Stande sah, bewährte Schummelmethoden zu praktizieren, kam eines Tages mit sportlich glänzenden Augen in den Klau-

surenraum. Seine fast schon chronische Nervosität vor jeder Arbeit und Schummelaktion (er gehörte zum Typ »rote Laterne von Seite 8«) war plötzlich wie eine dunkle Wolke verflogen. Hatte er doch endlich ein Schummelverfahren gefunden, daß ihm seine Angst, erwischt zu werden, nahm und ihm statt dessen die nötige Ruhe und Kaltschnäuzigkeit verlieh.
Der Clou sieht nun wie folgt aus: Man besorgt sich eine Füllerbox aus Metall, die man häufig beim Kauf eines teuren Füllfederhalters oder Kugelschreibers dazubekommt. Es handelt sich dabei um eine Leichtmetallschachtel, die relativ flach ist und einen großen Klappdeckel hat. Als nächstes löst man mit einer Rasierklinge das Futter an der Innenfläche des Deckels. Das Filz- oder Samtmaterial darf dabei an den Rändern nicht auffasern. Außerdem soll die untere Kante des Stoffes (an der Scharnierseite) nicht freigeschnitten werden, sondern weiterhin an der Deckelfläche haften. Danach werden an die beiden Ecken des Filzlappens zwei kleine und besonders flache Magnete so geklebt, daß, wenn das Futter den Deckel berührt, die Innenfläche wieder sauber durch den Stoff abgedeckt wird.
Die Handhabung dieses raffinierten Verfahrens verläuft nun relativ simpel. Wie sich der inzwischen geschulte Leser sicherlich bereits gedacht hat, wird die Innenseite des Deckels als Fläche für den Schummelzettel genutzt. Öffnet man während der Arbeit die Füllerbox und löst mit einem einfachen Handgriff das Futter vom Deckel, so sind sämtliche extern gespeicherten Informationen freigelegt. Bis zu diesem Punkt war noch alles voraussehbar, doch der eigentliche Trick wird erst jetzt deutlich. Will man nämlich den Schummelzettel verschwinden lassen, weil wieder einmal der Pauker gierend umhertigert, so braucht man nicht das Futter per Hand an den Deckel zu drücken, sondern lediglich die Schachtel zu schließen. Öffnet man selbst oder die Aufsichtsperson wieder die Füllerbox, so liegt der Filz- oder Samtstoff ganz sauber an der Deckelinnenfläche an. Nichts läßt optisch mehr auf einen Schummelzettel schließen! Dieses kleine Zauberkunststück resultiert aus der günstigen Form der Schachtel. Da die Füller-

box außerordentlich flach ist, kommen das Futter und somit die Magneten an den Eckpunkten so dicht an den Metalldeckel, daß die Anziehungskraft ausreicht, um den Stoff wieder in die unverdächtige Ausgangsstellung zu bringen. Dieser raffinierte Clou macht die Federtaschenmethode zu einer äußerst sicheren Variante!

①

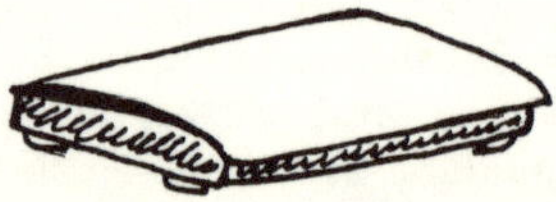

②

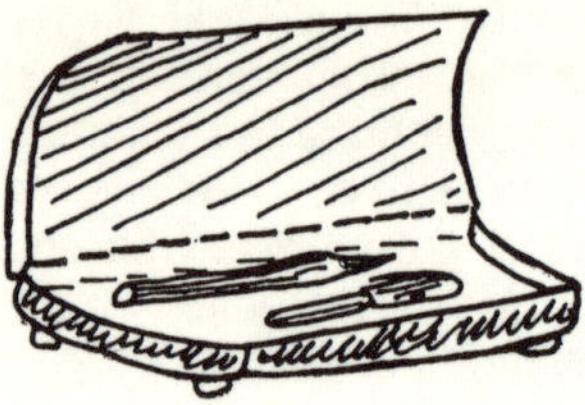

③

5.3. Sozialverhalten einmal anders praktiziert

In manchen Lehranstalten gibt es sog. »Autoritätspersonen«, die meinen, in ihren Fächern mit besonderer Härte die »Spreu vom Weizen« trennen zu müssen. Diese »Pädagogikdrachen« kennen keinerlei Erbarmen bei der Notengebung, sind von der »weltbewegenden Bedeutung« ihres Unterrichtsfaches überzeugt und schrauben das selbst festgesetzte Wissensniveau übermäßig hoch. Ihre Lebensphilosophie heißt: »Wer bei mir

die Norm nicht bringt, ist fürs Abitur (Examen) nicht qualifiziert.« Die Folge ist natürlich, daß überdurchschnittlich viele Schüler oder Studenten am laufenden Band durchrasseln und jeder mit panischer Angst vor dem »Sensenmann« zur Prüfung erscheint.
Glücklicherweise gibt es aber trotz NC-Angst, Punktejagd und Auflösung des Klassenverbandes auch in der Reformierten Oberstufe noch eine gewisse Einigkeit und ein Gemeinschaftsverhalten ganz spezieller Art. Für das Bestehen einer solchen Ausnahmeklausur werden nämlich sowohl von Tricksern als auch von »sauberen« Schülern oder Studenten nahezu alle Methoden akzeptiert, die einen Leistungserfolg ermöglichen; ist man sich doch einig, daß alle am selben Strang ziehen. So werden bei derartigen Paukern Klausuren häufig nicht als Einzelleistungsnachweis, sondern gewissermaßen in Gemeinschaftsarbeit angefertigt. Diese klassen- oder semesterinternen Hilfestellungen können nun in verschiedenen Formen durchgeführt werden. Zur Vereinfachung wird eine naturwissenschaftliche Arbeit unterstellt.

1. Der Könner oder Semestercrack sitzt hinter einem und notiert die Lösungswege für die jeweiligen Aufgaben auf einem kleinen Zettel. Anschließend wird der Zettel in das umgeschlagene Futter des linken oder rechten Hosenbeines gesteckt. Jetzt streckt der Hintermann seine Extremitäten aus, so daß die Füße unter dem Stuhl des Vordermannes liegen. Eventuell muß man durch Heranrücken mit dem Tisch etwas nachhelfen. Der Vordermann braucht jetzt nur noch dem Hintermann »ans Bein zu gehen« und den befreienden Zettel herauszufischen.
2. Die Klassenleuchte kann das Wissen auch auf andere Weise weiterleiten. Der oder die angefertigten Zettel werden zu kleinen Kügelchen geformt und an den entsprechenden Platz gerollt oder geworfen. Dies setzt allerdings voraus, daß der Zettelschreiber auch über ein gewisses sportliches Talent verfügt. Vorteilhaft ist diese Variante aber deshalb, weil man einen oder mehrere

Hilfsbedürftige auch über eine relativ große räumliche Distanz beschicken kann.

3. Der Zettel wird in die Innenfläche eines Kugelschreibers oder in eine Füllerkappe eingedreht. Der unwissende Schüler oder Student wendet sich dann um und fragt seinen Kollegen, ob er ihm einen Stift leihen könne, da der eigene leergeschrieben sei. Der gibt ihm natürlich das präparierte Exemplar...
4. An Fachhochschulen und Universitäten bestehen häufig mehrere Klausurtermine. Hier haben sich für einzelne Härtefächer schon regelrechte Arbeitsgemeinschaften gefunden und bewährt. So hatte sich z. B. das sog. Fotolabor-Team, bestehend aus fünf Leuten, auf naturwissenschaftliche Klausuren spezialisiert. Nachdem die Aufgabenstellung aus dem Klausurenraum gebracht worden war, schloß man sich im Fotolabor ein und teilte die jeweiligen Fragen untereinander auf. Auf diese Weise gelang es den »Fünf Weisen«, eine zweistündige Klausur binnen 30 Minuten zu lösen. Um möglichst vielen Studenten helfen zu können, kopierte man den DIN-A 4-Bogen mehrmals und schnitt einzelne Antwortenzettel aus. Diese wurden geordnet an einem sicheren Ort, z. B. auf einem hohen Regal im Flur, deponiert. Jeder Student braucht sich jetzt nur noch beim obligatorischen Gang aufs Klo die entsprechenden Antworten, die er nicht wußte, zu holen und konnte glücklich und zufrieden seine Klausur beenden.

5.4. Ich liebe meinen Diplomatenkoffer

Diplomatenkoffer sind bei Schülern nicht nur aus modischen Gründen im Augenblick der letzte Schrei, nein, sie sollen auch außerordentlich zweckdienlich beim Schummeln sein. Wie mir ein aufgeweckter Quartaner mitteilte, kann man diese Koffer ohne Schwierigkeiten auf seine Tischfläche legen, ohne damit irgendeinen Verdacht zu erwecken. Weiß doch jeder Pauker, daß Diplomatenkoffer an allen Seiten verschlossen sind, und somit kann ja schließlich kein Schummeln möglich sein. Der pfiffige Quartaner pflegte allerdings zwei Bleistifte unter seinen Koffer zu packen, so daß dieser etwa 5 bis 7 mm angehoben wurde bzw. höher lag. Dieser kleine Freiraum reichte schon aus, um einen recht großen Schummelzettel darunter zu verstecken bzw. hervorzuziehen. Voller Stolz erklärte mir abschließend der Pennäler, daß sein Lateinlehrer, seitdem er den Diplomatenkoffer habe, unheimlich viel von ihm halte. — »Beati pauperi spiritu« (Selig sind die geistig Armen).

5.5. Was ein Fotokopierer so alles kann

Mancher Student, der sich nach durchzechter Nacht plötzlich doch noch entschieden hatte, an der nicht vorbereiteten Klausur teilzunehmen — allein der olympische Gedanke zählt: »Dabeisein ist alles!« —, war über die Existenz eines Kopierers froh. Schließlich konnte er sich wenigstens noch die Schummelzettel seines Kumpels kopieren, diese kleinschneiden, und so war er zumindest nicht völlig unvorbereitet. Dieses Schnellanfertigen von Spickern bedarf keiner weiteren Erläuterung. Vielmehr soll auf die Möglichkeit verwiesen werden, Zettel mit Fotokopierern auf Spickergröße verkleinern zu können. Auch hierbei handelt es sich gewissermaßen um eine Nutzung des technischen Fortschrittes. Bewährt hat sich folgendes:

1. Man notiert den zu spickenden Stoff auf einem DIN-A 4-Bogen mit Schreibmaschine, wobei man nur Großbuchstaben verwendet und einen doppelten Zeilenabstand wählt. (Damit werden die Verkleinerungsmöglichkeiten erheblich erhöht.)
2. Man marschiert mit seinen angefertigten Bögen zum nächsten Kopier-Center und reduziert den Stoff auf eine extrem kleine, aber noch leserliche Größe. Für die prozentuale Verkleinerung am Kopiergerät lassen sich keine Richtwerte nennen, da die optische Leistungsfähigkeit individuell verschieden ist.

3. Entweder schneidet man den Stoff zu mehreren einzelnen Zetteln zu und fertigt eine Schummelzettelkartei an, oder man verwendet das Ziehharmonika-System. Dabei wird zunächst ein länglicher Streifen Papier in Spickergröße ineinandergefaltet. Jetzt klebt man seine Mini-Fotokopien auf das präparierte Papier und besitzt so einen handlichen und umfangreichen Klausurenhelfer. Selbstverständlich kann man auch das bewährte WBI-System benutzen. Der Vorteil dieser Methode besteht insbesondere darin, daß man hervorragend Vordrucke und Tabellen ohne viel Mühe auf Spickergröße verkleinern kann. Das bringt eine enorme Arbeitserleichterung und Zeitersparnis!

5.6. Mein Gott, bin ich erkältet…

Zugegeben, die alljährlichen Erkältungen und Schnupfenepidemien, die sich im verregneten Herbst und matschigen Winter in unsere Breiten einschleichen, sind schon ein Ärgernis. Doch kann man auch diese Krankheiten nutzen. Wofür? Natürlich zum Schummeln! Dabei soll nicht darauf angespielt werden, daß der Lehrer eventuell dem ständig hustenden und niesenden Pennäler voller Mitleid und Anteilnahme einen Notenbonus gewährt, weil er trotz der offensichtlichen Erkältung zur Arbeit erschienen ist. Nein, gemeint ist die wirklich sympathische Methode, seine vielen Papiertaschentücher, die man bei Schnupfen ja fast kiloweise verschleißt, ein wenig mit Wissen zu »würzen«. Beschriftet man mit einem weichen Kugelschreiber den Zellstoff dieser Taschentücher, so kann das »hungrige Auge« des unwissenden Schülers vor dem Benutzen des Tuches noch rasch »gesättigt« werden. Wie es bei verantwortungsbewußten Mitbürgern üblich ist, legt man das benutzte und zerknüllte Taschentuch anschließend in eine separate Tüte unter der Bank, damit die Bakterien nicht die Nachbarn infizieren können. Niemand wird bei einer wirklich erkälteten und stark verschnupften Person auf die Idee kommen, in der Abfalltüte zu wühlen. Nur sollte man die frische Packung nicht unbedingt offen auf den Tisch legen. Sonst könnte der Pauker einmal auf die Idee kommen, sich ein Taschentuch borgen zu wollen. Für einen solchen Moment empfiehlt es sich, ein paar unpräparierte Taschentücher bereitzuhalten. So wünscht man sich nicht etwa »gute Besserung«, sondern vielmehr »langanhaltenden Schnupfen«!

5.7. Allein im Klassenraum

An allgemeinbildenden Schulen ist es üblich, daß Schüler der Unter- und Mittelstufe, haben sie eine Klassenarbeit versäumt, diese zu einem späteren Zeitpunkt nachschreiben müssen. Diese Nachschreiber dürfen aber keineswegs ihre Arbeit während des Unterrichts im Klassenverband anfertigen sondern werden häufig während der Stunde in einen leeren Raum (Pavillon, Lehrerbibliothek...) eingeschlossen, da keine Aufsichtsperson zur Verfügung steht. Natürlich wird genauestens überprüft, daß der Pennäler nur einen Kugelschreiber oder Füller mitnimmt und die Schulmappe draußen bleibt. Jedoch wissen die Schüler meist schon vorher, in welches Zimmer sie gesteckt werden, da häufig nur ein bestimmter Raum in Frage kommt. Die Nachschreiber haben sich nun einiges ausgedacht, damit aus dem Nachteil, alleine schreiben zu müssen, ein »saftiger« Vorteil erwächst.

1. Man schneidet sich einen langen Streifen Papier zu, füllt ihn mit den sachdienlichen Hinweisen und rollt ihn in die Füllerkappe ein. Der Füller wird anschließend nur leicht in die Kappe hineingedrückt, da der Platz ja jetzt reduziert ist, zeigt ihn kurz auf der Handfläche vor und durchschreitet zielbewußt die Spickerkontrolle.
2. Um sich die Arbeit zu ersparen, einen Schummelzettel anfertigen zu müssen — die Grundhaltung heißt ja: »Mit minimalem Aufwand maximalen Erfolg erreichen« — wird einfach das Lehrbuch schon rechtzeitig vorher im Raum deponiert.

a) Man verknotet das allwissende Buch mit einem Bindfaden, läßt beides aus dem Fenster hängen und schließt anschließend das Fenster wieder.
b) Man stellt das Buch auf den Fenstersims an der Außenwand des Gebäudes. Später braucht man lediglich das Fenster zu öffnen, den »goldenen Griff« zum Lehrbuch zu machen, und schon werden sich viele Fragen wie von selbst beantworten.

Derart phantasievolle Aktionen lassen auf talentierten Nachwuchs schließen.

5.8. Hilfe, mein Script hängt in der Klospülung...

Mancher Schüler oder Student, der meint, daß sein Nervenkotüm einfach nicht ausreicht, um unter den Augen des Geiers zu »schinschen«, praktiziert gerne einen sog. Schummelkompromiß. Dabei wollen diese Nervöslinge im Klassen- oder Klausurenraum »sauber« bleiben und nur den Raum in absoluten Notfällen verlassen, um auf »00« das dort deponierte Lehrbuch oder die Schummelzettel zu konsultieren. Nun ist es zwar logisch, daß man seine externen Speicher nicht gerade auf den Toilettendeckel legen kann, auf der anderen Seite sind die Lagermöglichkeiten in diesem kargen Raum aber auch ziemlich beschränkt. Ein guter Platz ist die Unterseite des Waschbeckens, wenn man das Buch dort mit einem zweiseitigen Klebeband befestigt. Kleinere Hilfsutensilien lassen sich auch prima auf die Innenfläche einer Lampenschale aus Milchglas legen. Schmalere Bücher kann man gut im aufgeklappten Zustand zwischen Spiegel und Kachelwand schieben. Am meisten verbreitet, jedoch auch am riskantesten, ist der Behälter der Wasserspülung. Am sichersten verfährt man dabei, wenn man oberhalb des Wassers zwei harte Pappstreifen zwischen die Behälterwände klemmt, um darauf die Unterlagen abrufbereit ruhen zu lassen. Denn so mancher Schüler oder Student kann davon berichten, wie er einmal sein Heft oder Skript aus dem nassen Milieu hat fischen und auf feuchten Blättern hat lesen müssen.

Nun gibt es natürlich auch Pauker, die diese Quelle kennen und dementsprechend unmittelbar vor oder während der Arbeit mit lechzender Zunge und gierenden Augen diese Loci durchforsten. Bei derartigen Stöberaktionen werden aber seltsamerweise die Mädchen- bzw. Damentoiletten mit konstanter Bosheit immer ausgelassen. Es wäre interessant, einmal zu erfahren, ob die Keuschheit des weiblichen Geschlechtes, das Vorurteil, Mädchen würden nicht schummeln, oder moralische Skrupel für ein solches Verhalten verantwortlich sind. Also verlagert man den Ort der Informationsspeicherung einfach aufs Mädchenklo! Dabei braucht man keine Angst vor eventuell auftretendem »Krähengeschrei« zu haben; es wird sich keine Hysterie bei den Mädchen einstellen, weil sie ja selbst auch diese Quelle anzapfen können. Für den Fall, daß man als Junge zufällig einmal beim Verlassen der »falschen« Toilette gesehen wird, sollte man sich vorsichtshalber einige Ausreden zurechtlegen; zum Beispiel: »Die Jungsklos waren grade besetzt«, »ich habe die Türen verwechselt«, »ich mußte so dringend auf den Pott, daß ich einfach ins nächstbeste Klo gestürmt bin« etc.

5.9. Jeder für sich, aber ein Rechner für alle

Wer kennt sie nicht, die ätzenden Mathearbeiten mit ihren ellenlangen Aufgabenstellungen. Sie scheinen einem das ganze Leben über zu folgen und an den Fersen zu haften. Manch einen haben diese geistigen Folterkammern aus Zahlen und Formeln auch schon empfindlich an der Achillessehne getroffen und zu Fall gebracht. Als ob es nicht ausreichen würde, wenn man in Unter-, Mittel- und Oberstufe mit ihnen gequält und gestichelt wird. Nein, selbst im Grundstudium lassen sie nicht von einem ab.
Nun gibt es für diese Durststrecke glücklicherweise auch einige erfrischende Hilfen. Seit der Erfindung der Mikroprozessoren sind die altbewährten Rechenschieber aus den Schulmappen verschwunden und an ihre Stelle die vielseitig nutzbaren

Taschenrechner getreten. Mit Ausnahme der Grundschulklassen werden sie in fast jeder Klassenstufe als Hilfsmittel geduldet. Da diese »mathematischen Zauberkünstler in Kleinformat« nicht nur außerordentlich preiswert sind, sondern auch wesentlich mehr leisten können, als in den meisten Fällen von ihnen verlangt wird, lohnt es sich, auf einige Nutzungsmöglichkeiten einzugehen, die wieder mal unter die Rubrik »Schummeln« fallen!

1. Man setzt sich neben einen guten Zahlenjongleur der Klasse und legt nur provisorisch seinen eigenen Taschenrechner auf den Tisch. Verabredet ist aber, daß der Nachbar seine Zwischen- und Endergebnisse erst aus dem Taschenrechner löscht, wenn man sie zuvor abgeschrieben hat. Der Mathecrack beantwortet kontinuierlich die Fragen und gibt einem durch Fingerzeig zu verstehen, wann das Zwischen- und wann das Endergebnis der jeweiligen Aufgabe eingetippt ist. Man braucht also nur die zumeist leichten Rechenansätze selbst zu schreiben und notiert anschließend die Ergebnisse. Diese Methode hat deshalb ihren Vorteil, weil im Gegensatz zum auffälligen und antiquierten Abgucken der Blickkontakt zum Taschenrechner des Nachbarn leichter möglich ist.
2. Eine ähnliche Form gibt es in Physik- und Chemiearbeiten. Hier werden meist nur zu einem bestimmten Anteil Rechenaufgaben gestellt. So erzählt man dem Pauker, daß man den eigenen Taschenrechner vergessen habe und statt dessen den des Nachbarn verwenden werde, wenn dieser ihn nicht mehr benötige. Während der Lehrer nun annimmt, man würde sich jetzt mit den Textaufgaben beschäftigen, pinnt man fleißig die aufleuchtenden Zahlen des nachbarlichen Rechners ab.
3. Ähnlich der Methode des GOLDEN CIRCLE kann man sich auch durch ständigen Taschenrechnertausch helfend unter die Arme greifen. Dabei wird vorausgesetzt, daß »aktive« und »passive« beide denselben Rechnertyp besitzen. Bei diesem Verfahren — man könnte es auch

GOLDEN MEMORY nennen — gibt der Wissende die jeweiligen Ergebnisse in die einzelnen Speicher ein, vertauscht die Rechner, und der Nachbar braucht lediglich die entsprechenden Speicher M_1, M_2, M_3... abzurufen. Macht man dies auch mit den folgenden Nachbarn — häufig haben nämlich ganze Klassen einheitliche Rechner — so kann sich eine fruchtbare Taschenrechnerkette bilden, die eine ganze Sitzreihe von Schülern in den glücklichen Besitz richtiger Lösungen bringen kann.

Für Studenten, die noch die Klausuranforderungen des Statistikscheines zu erfüllen haben, bietet sich noch eine besondere Spezialität an. Meist kommen im Fach Statistik nur fünf bis sechs verschiedene Aufgabentypen in Frage. Das ist nicht falsch zu verstehen, es handelt sich dabei um außerordentlich umfangreiche und langwierige Rechengänge. Nun gibt es aber Taschenrechner bzw. Computer in Rechengröße, denen man sogar Formeln eingeben kann und die zusätzlich über bis zu 99 Speicher verfügen. Programmiert man jetzt die jeweiligen Rechenschritte der in Frage kommenden Aufgabentypen, so braucht man nur noch die richtige Art der Frage zu erkennen, das Zahlenmaterial einzugeben und kann in Windeseile sämtliche Ergebnisse und Zwischengrößen abrufen. Wer die Nervereien bei Statistikklausuren kennt, weiß die erhebliche Erleichterung dieser Methode zu schätzen! Übrigens kann man sich diese kleinen Rechenmaschinen auch von Mathematik- oder Informatikstudenten leihen oder sich von der entsprechenden Firma für vier Wochen kostenlos ein Vorführgerät zur Probe schicken lassen.

5.10. Was in der Sexta so alles läuft

Selbst in der Unterstufe, ja schon in der Sexta der Gymnasien sollen hochbegabte Jungtrickser auf phantasievolle Weise ihren zuweilen öden Schulalltag erleichtern. Sicherlich handelt es sich dabei keineswegs immer um neue Maschen, aber ein gewisser Pep ist diesen Methoden nicht abzusprechen. Aus diesem Grund soll auf einzelne, ausgewählte Verfahren näher eingegangen werden. Schließlich gebührt auch dem Nachwuchs ein ehrenvoller Platz in diesem Buch.

a) Die Trumpfkarte

Gerade im Erdkundeunterricht in der Unterstufe wird noch sehr viel mit sogenannten stummen Karten gearbeitet. Hierbei handelt es sich um Deutschland- oder Europakarten, wo Flüsse, Städte und Gebirge zwar eingezeichnet, jedoch namentlich nicht bezeichnet sind. Aufgabe der Pennäler ist es, die Namen zu lernen und später z. B. in einem Test richtig zuzuordnen. Nun hat jede Klasse einen Kartenordner (Schüler), der dafür sorgt, das zu den entsprechenden Unterrichtsstunden die Deutschland- oder Europakarte im Klassenraum hängt. Pfiffige Schüler sind inzwischen auf die Idee gekommen, sämtliche Orte und Flüsse etc. ganz auffällig mit einem dicken Filzstift zu numerieren. Als nächstes notiert sich jeder auf einem eigenen Zettel die Zahlen und vermerkt dahinter die richtigen Namen (z. B. 1 = Mainz). Kommt der Pauker bei der nächsten Geographiestunde in die Klasse, so wird er annehmen, daß einer seiner Kollegen (z. B. der Geschichtslehrer) die Numerierung auf der Karte vorgenommen hat. Für die Pennäler ist aber aus der einst stummen Karte jetzt schnell eine »Trumpfkarte« geworden, die man gerne vor Augen hat.

b) Dreistigkeit siegt

Der folgende Trick erscheint so banal, daß man ihn geradewegs belächeln möchte. Doch dieser aus Urgroßvaters Zeiten stammende Kniff scheint heute immer noch seine Berechtigung zu haben. Es zeigt wieder mal, daß entweder die Schüler unterschätzt oder die Lehrer reichlich überschätzt werden.
Viele Pauker geben sich solche Mühe beim Anfertigen eines Tafelbildes, daß sie nicht nur in einer Unterrichtsstunde von ihrem aufwendigen Gemälde profitieren wollen, sondern auch in der folgenden Stunde darauf eingehen möchten. Mit großen Lettern schreiben sie dann an die Tafel: »Bitte stehen lassen«

und unterzeichnen dies mit ihrem abgekürzten Namen. Wird nun in einer der folgenden Stunde beispielsweise eine Geschichts- oder Mathearbeit geschrieben, so haben die Pennäler vorher wichtiges Zahlenmaterial in das geschützte Tafelbild integriert. Aufmerksam blicken alle Schüler jetzt regelmäßig während der Arbeit nach vorne, und endlich scheinen sich die Konzentrationsbemühungen einmal zu lohnen.

c) Spieglein, Spieglein in der Hand

Wenn es darum geht, vom Nachbarn abzugucken, sind manche Schüler zu wahren optischen Verrenkungen im Stande. Doch warum soll man sich derartig quälen, wenn es doch einen einfacheren Weg gibt, ein Auge zu werfen. Ein Spiegel hat zwar die unangenehme Eigenschaft, ein Schriftbild in unleserlicher Form wiederzugeben, jedoch kann man mit einer zweifachen Spiegelung schon wieder sehr nutzbringend arbeiten. Man geht nun wie folgt an das Problem heran: Zunächst besorgt man sich eine kleinen rechteckigen Schminkspiegel, den man mittels eines Glasschneiders in zwei Teile gleicher Größe schneidet. Das Format ist wie bei den Schummelzetteln abhängig von der Handinnenfläche des Tricksers. Beide Teile werden mit ihren Vorderseiten zueinander in einem Winkel von

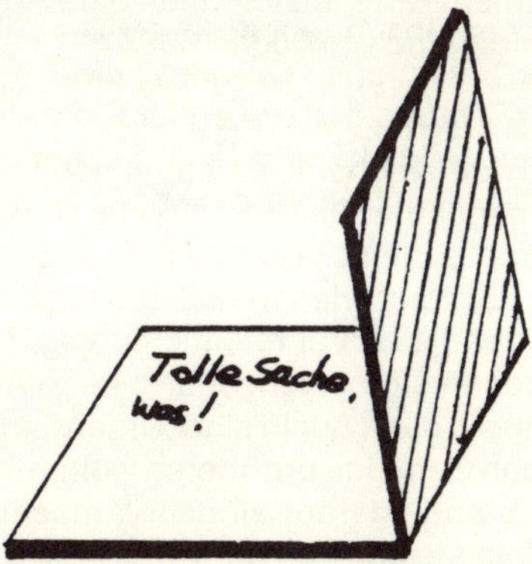

etwa 80° zusammengeklebt. Zu diesem Zweck verwendet man Glas- oder Atomkleber. Hat man sich einen solchen Winkelspiegel gebastelt, so ist das Hantieren relativ einfach. Man sitzt an einem gut beleuchteten Platz z. B. in der Fensternähe, hält sein Arbeitsgerät in der schützenden Handinnenfläche und betrachtet gelassen in der dem Gesicht zugewandten Spiegelfläche das Schriftwerk des Nachbarn. Wenn man Schwierigkeiten beim Lesen haben sollte, kann man sich auch stärker vergrößernde Spiegel (z. B. Rasierspiegel) besorgen, die jedoch den Nachteil haben, daß man sie näher an das Geschreibsel des Nachbarn halten muß. Doch sicherlich wird auch in diesem Fall der talentierte Nachwuchs weitere Verfeinerungen finden.

d) Ein toter Winkel ist ein guter Winkel

In den meisten Klassenräumen gibt es außer der Wand-Schiebe-Klapp-Tafel auch eine nicht verstellbare Tafel und Korkwand an der Seitenfront des Raumes. An der Unterkante dieser Tafel ist eine metallene Ablageleiste für Kreide angebracht. Mit dieser Leiste hat es nun folgende überaus erfreuliche Bewandtnis. Sitzt man direkt an der Wand und stationiert an der Unterseite des Metallbleches seinen Schummelzettel mit der unerlaubten Formelsammlung, so kann niemand anders außer man selbst das Geschriebene lesen. Die Leiste ist nämlich in einem Winkel befestigt, der es nur an einer bestimmten Stelle (nämlich dem Wandplatz) ermöglicht, die Unterseite einzusehen. Auf diese Weise kann man den sonst toten Winkel für sich zum »Leben« erwecken und lohnend nutzen.

DESOXIRIBOSE =POLY
PEPTI
BÄH
OP

VI. Fragen am Rande: Was ist zu tun, wenn...

6.1. ...Gefahr beim Schummeln droht?

Selbst versierten Tricksern kann es passieren, daß in Prüfungsmomenten, wo ihre Schummelaktion schon fast abgeschlossen ist und der gewünschte Schein bereits um die Ecke lugt, sie sich in Sicherheit wiegen und leichtsinnig den Blickkontakt zum Pauker unterlassen. Plötzlich steht er neben einem, in unmittelbarer Nähe, oder marschiert direkt auf einen zu: Der nach Beute hungernde Aufsichtslöwe! Hat er etwas gemerkt oder gar gesehen? Verdammt, er kommt immer dichter! Schweißfluten strömen aus dem Körper, das Herz jagt wie ein Preßlufthammer, und schon meint man, den Countdown des Ringrichters zu hören: ...5, 6, 7, 8, 9.

Diese Augenblicke sind ganz ohne Frage die Alpträume und Horrormomente im Leben eines jeden Tricksers. Spürt man doch den bebenden Boden unter einem und sieht sich schon im Abgrund des Erwischt-worden-Seins versinken. Doch ganz konkret, was kann man denn machen, um das Blatt eventuell noch zu wenden? Die Parole heißt: »Zeit gewinnen!« Nur ein paar Sekunden der Ablenkung reichen schon aus, damit man rasch den Spicker, also das Beweismaterial, verschwinden lassen kann.

Ein Mitschüler, der in einem solchen heiklen Moment einmal sein ganzes Ablagefach mit Schummelzetteln belegt hatte, brachte es doch tatsächlich fertig, den Pauker zu fragen, ob er nicht die Gardinen zuziehen könnte, da ihn die Sonne blende. Der Lehrer drehte sich nun, wie durch einen Reflex geleitet, zur Seite und starrte überrascht den wolkigen Himmel an. Doch just dieser kurze Augenblick hatte dem tolldreisten Pennäler ausgereicht, um seine Zettelsammlung mit einem einzigen Griff in der Tasche verschwinden zu lassen.

Eines dürfte deutlich geworden sein: In so grausigen und hoffentlich einzigartigen Notsituationen ist fast jedes Mittel recht, sei es auch noch so plump, um die vielleicht rettende Ablenkung des Lehrers zu erreichen. Daher kann es z. B. durchaus zweckdienlich sein, seiner Federtasche einen Schubs zu geben und mit den umherrollenden Bleistiften und Kugelschreibern ein kleines Chaos zu verursachen. Wenn der Pauker diese Finte annimmt, hat man wenigstens noch eine kleine Chance, seine Schreibfläche rechtzeitig zu säubern. Ansonsten heißt es halt: »Rien ne va plus — nichts geht mehr.«

6.2. ...ich doch mal erwischt werde

Die Bedeutung, sich auch nach einem verlorenen Kampf noch richtig zu verhalten, wird vielleicht an der folgenden authentischen Anekdote deutlich.

Ein Kommilitone, der sich zumindest nach eigener Einschätzung als Profischummler rühmte, wurde während einer Klausur beim Spicken beobachtet. Der Dozent trat auf den Studenten zu und sagte: »Na, Herr v. M., zeigen Sie mir Ihren Schummelzettel. Jetzt habe ich Ihnen bereits fünf Minuten beim Spicken zugesehen, und dann wollen wir mal abgeben.« Der Student, der den Schummelzettel immer noch in der verschlossenen Hand hielt und genau wußte, daß es kein Entkommen mehr gab, dementierte: »Ich und schummeln, nein, ich habe keinen Spicker.« Der sonst gutmütige Pädagoge wurde jetzt in seinem Auftreten etwas heftiger, und seine schrille Stimme war im ganzen Raum zu hören: »Herr v. M., Sie geben mir jetzt auf der Stelle Ihren Zettel, egal, wo Sie ihn versteckt haben! Ich lasse mich von ihnen nicht für dumm verkaufen! Ich habe Ihnen die ganze Zeit dabei zugesehen!« Der Kommilitone schien jedoch geistig umnachtet zu sein. Anstatt seine Niederlage einzugestehen und das Dilemma damit zu beenden, reagierte er völlig unverständlich. Er öffnete seine rechte und linke Jackentasche und sagte scheinheilig: »Sehen Sie, hier ist kein Schummelzettel ...und da ist auch kein Zettel... Ich weiß gar nicht, was Sie wollen!«

Innerlich muß der sehr kleinwüchsige Dozent bei diesen Worten etwa einen Meter in die Luft gesprungen sein. Seine Gesichtsfarbe veränderte sich jedenfalls innerhalb von Sekunden wie bei einem Chamäleon: erst weiß, dann rosa und schließlich rot. Seine einzigen Worte waren nur noch: »Sie verlassen sofort den Klausurraum!« Bis aufs Blut gereizt und innerlich kochend, drehte er sich auf dem Absatz um und kehrte dem Studenten den Rücken zu. Der Student schien wirklich keinen Funken Verstand mehr zu besitzen. Denn was er sich jetzt noch erlaubte, ist reif fürs Guinnes-Buch der Rekorde (Abteilung größte Dummheit). Er stand auf, nahm seinen Klausurbogen und seinen SCHUMMELZETTEL und ging zum Dozenten mit den Worten: »Sehen Sie doch selbst! Das, was auf dem Spicker steht, konnte ich überhaupt nicht gebrauchen bei dieser Frage!« — Der Anstand verbietet es mir, die darauf folgende Äußerung des Dozenten wortgetreu wiederzugeben. Es braucht wohl nicht weiter erläutert zu werden, daß besagter Student sich zum Gespött der ganzen Fakultät gemacht hatte. — Übrigens war dieser Kommilitone durch sein Fehlverhalten immer noch nicht kuriert worden. Denn genau vier Tage später hat ein anderer Dozent ihn wieder beim Schummeln erwischt.

6.3. ...man Aufgabenstellungen schon vorher kennt

In dem Abschnitt »Beschaffungsmöglichkeiten« wurden verschiedene Wege aufgezeigt, wie man rechtzeitig vor Prüfungsbeginn in den glücklichen Besitz von Aufgabenstellungen kommen kann. Unterstellt man jetzt einmal, daß sich ein solcher »goldener Griff« ergeben hat, so taucht die Frage auf: »Wen soll ich noch von meinem wertvollen Wissen profitieren lassen?« Diese Frage erscheint lapidar, sie ist in ihrer Bedeutung aber nicht zu unterschätzen.

Vom sozialen Standpunkt betrachtet, sollte man die ganze Klasse oder das vollständige Semester über die Aufgabenstellung informieren. Um unnötige Verdachtsmomente zu vermeiden, dürfen aber auf keinen Fall alle plötzlich eine 1 oder 2

schreiben. Ziel ist ja nur, daß keiner durch die Prüfung fällt bzw. mit einer schlechteren Note als 4 abschneidet. Es hat sich aber gezeigt, daß ein solches Verhältnis in einer größeren Gruppe schwer zu verwirklichen ist. Doch gibt es die Möglichkeit, nur einen Teil der Fragestellungen bekanntzugeben. Auch diese Form ist riskant, wenn nämlich trotz alledem ein oder zwei Personen durchfallen. — Auf keinen Fall aber darf bekannt werden, welcher Schüler oder Student »den Fisch an Land gezogen hat«. Denn wenn durch irgendwelche widrigen Umstände die Aktion doch auffliegt, wird das Kollegium an dieser Einzelperson ein Exempel statuieren wollen.
Vom Standpunkt der Sicherheit her besteht natürlich das geringste Risiko, wenn man sein Wissen für sich behält. Um aber zumindest einigen Leuten zu helfen, sollte man ein paar Mitschüler oder Kommilitonen, auf deren Verschwiegenheit man zählen kann, miteinbeziehen. Nur darf man ausschließlich Leute wählen, auf deren Stillschweigen man sich hundertprozentig verlassen kann. Es muß in jedem Fall gesichert sein, daß auch nach einer erfolgreichen Prüfung keinerlei verdächtige Äußerungen gegenüber den Paukern und nicht informiert gewesenen Mitschülern oder Kommilitonen laut werden.

6.4. ...Lehrer und Dozenten dieses Buch lesen

Es ist natürlich richtig, daß durch diese Veröffentlichung auch Lehrer und Dozenten auf den »neuesten Stand« der Schummeltechniken gebracht werden. Schließlich dürfte es einige Schwierigkeiten bereiten, Lehrer vom Kauf dieses Buches auszuschließen und den Erwerb der Lektüre an ein Vorzeigen von Schüler- oder Studentenausweisen zu binden. Leider liegt es aber nun in der Natur der Sache, daß Pauker weniger am Praktizieren der einen oder anderen Methode interessiert sind, als vielmehr daran, deren Realisierung zu verhindern.

1. Viele der geschilderten Verfahren können gar nicht kontrolliert werden, schon gar nicht, wenn in einer größeren Gruppe, also Klassen- oder Semesterverband, geschrie-

ben wird. Es gibt keine lückenlose oder perfekte Aufsicht — schummeln ist immer möglich!

2. Mit Sicherheit sind nicht alle möglichen Schummelpraktiken genannt worden, so daß viele Techniken unerwähnt bleiben und ohne Kenntnis von Lehrern und Dozenten weiter praktiziert werden.
3. Für den Leser sollte keine allesumfassende »Schummel-Enzyklopädie« geschaffen werden, sondern vielmehr anhand verschiedener Verfahren mögliche Vorgehensweisen verdeutlicht werden. Es sind also weniger die einzelnen Tricks als vielmehr die Methodik des Schummelns maßgebend. Pfiffigen und phantasiegeschulten Pennälern ist es garantiert binnen kurzer Zeit möglich, einige Praktiken zu verfeinern oder völlig neue ins Leben zu rufen. In diesem Sinn kann also auch weiterhin der fruchtbare Weg zum Schummelerfolg beschritten werden.
Denn: Phantasie ist machbar, Herr Nachbar.

5z
2x²
M
Donalds

VII. Prominente berichten: Mein schönstes Schummelerlebnis

Um einerseits deutlich zu machen, daß Schummeln nichts Neues ist, und andererseits einen unterhaltsamen Beitrag zu diesem Thema zu liefern, äußerten sich einige bekannte Personen zur Frage »Schummeln in der Schule?«. Bedauerlicherweise war von der politischen Prominenz kaum jemand zu einer Stellungnahme zu bewegen. So antwortete z. B. der Ministerpräsident des Landes Bayern, *Franz Josef Strauß,* daß er zwar für humorvolle Beiträge bekannt sei, aber grundsätzlich für privat verlegte Bücher keine Beiträge liefern würde. — Vielleicht erlaubt es ihm aber auch sein »Summa cum laude«-Abitur nicht, einige Schummelaktionen zu schildern? — Wesentlich ergiebiger waren da schon die Antworten von Prominenten aus der Unterhaltungsbranche.
So weiß NDR-Sprecher und Fernsehmoderator *Carlo von Tiedemann* folgendes zu berichten: »...Obwohl die Penne lange in meiner fast unbewältigten Schulvergangenheit schlummert, sind noch schwache und düstere Erinnerungen abrufbereit. Oft habe ich mit schwarzer Sonnenbrille gearbeitet (Gerstenkorn im Auge!). Somit fiel der Blick über die Schulter meines Vordermannes nicht auf. Fast zwei Jahre schrieb ich in Mathe und Physik gute Noten; in Unterprima dann hatte ich, weil der Vordermann plötzlich verzogen war, eine gute 6...
Thema »Doppelhefte«: Englischer Aufsatz, Thema ungeheuer schwer, es fehlten natürlich die englischen Wort und Begriffe. Vorgegeben waren mindestens vier Heftseiten, die es zu füllen galt. Ich hatte unter der Bank ein zweites Klassenheft, ließ dieses sichtbar auf meinem Platz liegen und bat darum, austreten zu dürfen. Auf dem Lokus dann ein Freund, der absolut firm im Fach Englisch war. In zehn Minuten diktierte er mir einen tollen

Aufsatz mit exzellenter Grammatik. Zurück in der Klasse, tauschte ich beide Hefte aus.
Bei Geschichtsarbeiten hatte ich beide Handflächen mit Daten und Fakten beschrieben. Immer wieder las ich in der Hand nach. Auch dies war toll im Ergebnis, bis unser Pauker mal die Händchen kontrollierte...
Wenn ich bei Klassenarbeiten nicht mehr weiter wußte — was regelmäßig geschah —, schmierte ich mir intensiv Spucke auf die Stirn und machte auf Kreislauf. »Der Junge ist blaß, er sieht schlecht aus, bitte, geh nach Hause«, war der Erfolg des Spucke-Einsatzes. Zwar mußte ich die Arbeit nachschreiben, aber es gab dann einen Aufschub zum Nachbüffeln.
Das Paradestück allerdings — und ich schwöre, daß es stimmt — leistete ich mir in einer Mathematikstunde. Ich war dabei, von einer guten 5 auf eine schlechte 6 zu sacken. Ein Oberprimaner (ein wahrer Freund) arbeitete mit Sender und Empfänger. In der Klasse flüsterte ich ihm die Aufgaben in eine »Wanze«. Mit einem »Knopf im Ohr« erfuhr ich von ihm, der in einem leeren Klassenraum kniete, die Lösung. Es wurde eine 2. Bis heute steht mein Lehrer sicherlich vor einem Rätsel, Beweise allerdings gegen mich gab es damals (1962) nicht...
Auch der »Fernseh-Discjockey der Nation«, *Dieter Thomas Heck,* hat in aller Eile ein paar schnelle Worte zum Thema Schummeln parat: »... Erstens finde ich Ihre Idee, ein Buch über Schummeln in der Schule zu schreiben, sehr lustig, und zweitens hoffe ich, daß meine Tochter es nicht in die Hand kriegt! Nun zu meinen Schummeltricks:

1. Den Schummelzettel in die Manschette des Hemdes bzw. in den Ärmelaufschlag des Pullovers stecken.
2. Die Antworten auf die eventuell gestellten Fragen in die Handflächen schreiben.

Die beste Schummelmethode ist allerdings ein alleswissender Nachbar, von dem man — gedankenverloren in die Gegend schauend — abschreibt.«
Boulevard-Schauspieler *Herbert Bötticher* weiß aus seiner Schummelvergangenheit folgendes zu berichten:

»...Wir, die Schüler, mußten nach dem gerade beendeten großen Krieg unzählige Lücken mit Massen von Lehrstoff ausfüllen. Es war so viel, daß das Gehirn es einfach nicht bewältigte. Emsige Arbeit bis in die Nächte — und immer noch die Angst, es trotzdem nicht zu schaffen, zu versagen. Da wurde das Schummeln zu einer Art geistigen Mundraubs!
Ein hervorragender Studienrat gab uns augenzwinkernd den Rat: »Schummeln Sie nicht!« und fügte hinzu: »Zumindest nicht bei mir. Ich kenne alle Tricks!« Und dann folgte auf dem Fuß ein Kolleg mit detaillierten Instruktionen, sozusagen mit Bauplan. Der Lehrer spielte alles vor, Schummeln, Erwischtwerden...
Wir kamen aus dem Lachen nicht mehr raus.
Eine Methode beeindruckte mich tief und schien mir auch ziemlich sicher zu sein: Ein Ärmelhalter um den Oberarm — daran eine elastische Gummischnur — am Ende dieser Zugvorrichtung ein Papptäfelchen mit Informationen. (Bei Bedarf aus dem Ärmel ziehen — im Gefahrenmoment schnellstes Zurückschnellen ins sichere Ärmelversteck.) Diese Konstruktion fertigte ich mir zu Hause an. Allein die Beschriftung des Täfelchens erforderte enorme Zeit und intensive geistige Auseinandersetzung mit dem Wissensstoff, was eine gesunde Basis an Kenntnissen verschaffte. Vielleicht war alles nur ein psychologischer Rückhalt für den Fall der Fälle.
Ich weiß heute nicht einmal mehr, ob ich die gespeicherten Informationen des Schummelcomputers auch abgerufen habe. Die Bereitschaft dazu war aber unbedingt vorhanden. Vielleicht beobachtete der aufsichtführende Lehrer zu wachsam und wissend. Vielleicht schien auch der verstohlene Blick auf das Heft des Nachbarn zur Rechten unauffälliger zu sein.
Wie gesagt, das alles haftet nur noch verschwommen in meinem Gedächtnis. Nicht vergessen habe ich jedoch den humorvollen Lehrer, der sich mit seiner Informationsstunde — sicher ungewollt — ein Denkmal setzte.«
Non scholae sed vitae discimus! (Wir lernen nicht für die Schule, sondern für das Leben!)

Wetten, daß *Frank Elstner* auch geschummelt hat?
»...Natürlich habe auch ich geschummelt, allerdings meist ohne Erfolg. Bei meiner Kurzsichtigkeit war es immer furchtbar schwer, dem Nachbarn etwas abzuluchsen. So habe ich meine eigene Methode erfunden: Wann immer ich in Französisch, Griechisch oder Latein nicht genau wußte, wie ein Wort geschrieben wurde, habe ich drei verschiedene Versionen auf ein Löschblatt in großen Buchstaben gesetzt. Während der Kontrollgänge des Lehrers durch unsere Bänke habe ich dann auf das Löschblatt gezeigt und so hilflos geschaut, daß doch tatsächlich das eine oder andere Mal ein netter Zeigefinger des Herrn Lehrers mir die richtige Version zeigte.
Daß allerdings diese Schummelmethode auch nicht zu den besten gehört, beweist, daß ich mit Pauken und Trompeten durchs Abitur gefallen bin.«
Auch die ehemalige Miß Welt und Fernsehansagerin *Petra Schürmann* kann aus ihrer Schulzeit von so mancher Schummelaktikon erzählen.
»...Grundsätzlich möchte ich zum Thema Schummeln sagen, daß jeder Schüler und Student, der von sich behauptet, daß er niemals geschummelt hat, ein Lügner ist oder unter Gedächtnisschwäche leidet.
Ich litt immer unter einer großen Prüfungsangst, und immer zum richtigen Zeitpunkt versagte da mein jugendlich-pubertärer Kreislauf, also fiel ich um. Meine verständnisvollen Lehrer schickten mich dann wegen der weißen Hautfarbe nach Hause, und ich konnte ohne Zeitdruck so manche Arbeit nachschreiben. Eine dicke Haut bedeutet keineswegs ein dickes Fell, aber wenn sie kreislaufbedingt schlecht durchblutet ist, ist das für Umstehende schon ein eindrucksvolles Erlebnis.
Ich hatte das ungetrübte Vergnügen, auf die Klosterschule der Ursulinen zu gehen und dort Abitur zu machen. Natürlich habe auch ich mir vor schwierigen Klassenarbeiten einen Spickzettel präpariert. Meine Absicht war es, mir diese Gedächtnisstütze in den Strumpf zu stecken, denn erstens waren Strumpfhosen noch nicht erfunden, und zweitens spekulierte ich messer-

scharf darauf, daß es kein Lehrer wagen würde, einer züchtigen Schülerin unzüchtig den Rock zu heben, um ihre unterirdische Informationsquelle ans Tageslicht zu fördern. Meine Kalkulation ging auf.

Und jetzt kommt der Clou: Die mühevolle Erstellung der Spickzettel, seien es nun mathematische Formeln oder lateinische unregelmäßige Verben, haben mich so beschäftigt und in meinem Hirn solche Engramme gesetzt, daß ich meine Arbeiten häufig ohne Zuhilfenahme der geistigen Rettungsringe schaffte. So gesehen ist die Anfertigung von Spickzetteln nahezu eine brauchbare Lernmethode.

Auf der Universität hatte ich es unerwarteterweise viel schwerer. Da war es meinen Professoren nicht entgangen, daß ich aus Gaudi Miß Welt geworden war, und zu dieser Zeit galt noch der dämliche Lehrsatz: Hübsch ist gleich blöd. Das bedeutete für mich, daß ich mich doppelt anstrengen mußte, was ich dann auch tat. Inzwischen haben sich die Zeiten geändert — und ich bereue nicht, daß ich durch eigene Aktivität und mit einem gewissen Quantum an Schummeln dahin gekommen bin, wohin ich wollte.

Was Lehrer immer vergessen, ist ja, daß sie selbst auch mal Schüler und Studenten waren und nicht geborene Genies, denen alles durch einen himmlischen Nürnberger Trichter einfiltriert wurde!«

Ebenfalls interessant ist die Stellungnahme unseres altbewährten (und ersten) Liedermachers *Reinhard Mey.* »...Zu ihrem Vorhaben ›Schummeln, aber richtig‹ muß ich sie von Herzen beglückwünschen, ist so ein Ratgeber doch längst überfällig. Hätte es ihn vor 22 Jahren schon gegeben, vielleicht wäre mir eine Ehrenrunde in der 11. Klasse erspart geblieben. Ich wäre gern mit einem außergewöhnlichen Schummelverfahren in ihrem Werk vertreten — meine kleinen und mittleren Schummeltricks dürften aber leider nicht neu genug sein, und meinen wirklich ganz großen Coup kann ich leider nicht freigeben. Der war ein so monströser Schummelakt, daß ich befürchten muß, daß mir noch heute bei Bekanntwerden das Abitur und das große Latinum rückwirkend aberkannt würden! Sie sehen, ich bin noch heute vor Schummelverfolgung nicht sicher. Jede Generation hat ihre Tricks, die meisten dürften dank der rasanten Entwicklung der Elektronik und der drahtlosen Datenübermittlung steinzeitlich anmuten. Die Methoden wechseln, der Wunsch zu schummeln aber lebt weiter, und er wird immer neue Geniestreiche gebären. Ich wünsche der Generation, die heute mit Mogeln dran ist, Ideenreichtum, Erfindungsgeist, starke Nerven und ... Erfolg!«

VIII. Schummeln? Stimmen aus der Bevölkerung

Um einen ungefähren Eindruck davon zu bekommen, wie ein Großteil der Bevölkerung zum Thema »Schummeln in der Schule« steht, wurden ca. 500 Personen der unterschiedlichsten Altersschichten im Raum Norddeutschland interviewt. Die Befragung wird in statistischem Sinne zwar nicht repräsentativ sein, aber sicherlich den wißbegierigen Leser trotzdem interessieren.

83% waren der Meinung, daß jeder bereits einmal geschummelt hat und Schummeln weder etwas Neues noch etwas Außergewöhnliches ist.

13% äußerten sich dagegen ganz entschieden, daß Schüler, die schummeln, sich selbst und andere betrügen und ein solches Verhalten hart geahndet werden müßte.

4% enthielten sich der Stimme bzw. hielten das Thema für belanglos.

72% meinten, daß durch den Numerus Clausus und den steigenden Leistungsdruck in den Schulen mehr geschummelt wird als früher.

69% glaubten, daß heute anders und durch technische Hilfsmittel raffinierter gemogelt wird als früher.

54% waren der Überzeugung, daß vorwiegend in der Mittel- und Oberstufe (8. bis 13. Klasse), während des Studiums oder einer weiterführenden Ausbildung dagegen kaum noch geschummelt wird.

37% vertraten die Meinung, daß relativ harmloses Schummeln von den meisten Lehrern stillschweigend geduldet wird.

24,5% waren der Auffassung, daß gerade besonders strenge Lehrer in ihrer eigenen Schulzeit gespickt haben.

Neben der reinen Stellungnahme sollten die befragten Personen auch ihre beliebtesten Schummelmethoden schildern. Einige, in diesem Buch noch nicht beschriebene Verfahren, sollen im folgenden beschrieben werden.

Bauingenieur Walter B. (42) aus Eckernförde:
»... Sowohl in der Schule als auch während des Studiums haben wir geschummelt. Ja, manchmal hatte ich sogar den Eindruck, daß unsere Lehrer diese geistigen Hilfestellungen stillschweigend billigten. So war es z. B. offiziell verboten, vorgefertigte Notizen in den Klausuren zu benutzen. Aber ich kenne kaum jemanden, der nicht auf seinem Kladdeblock alle notwendigen Formeln und Ableitungen stehen hatte. Ebenso verhielt es sich im Fach Technisches Zeichnen. Eigentlich mußten wir die Normschrift bei den Bauzeichnungen frei aus der Hand malen, aber die meisten von uns halfen sich halt doch heimlich mit einer unerlaubten Schriftschablone ...«

Hausfrau Gerda C. (39) aus Hamburg-Barmbek:
»... Mathematik war mein größtes Problem in der Schule. Deshalb mußte ich in diesem Fach auch ab und zu mal spicken. Da es früher noch keine Taschenrechner gab, durften wir während der Klassenarbeiten die sog. Schülkes-Rechentafeln benutzen. Diese schmalen Hefte hatten neben seitenlangen Logarithmentafeln auch einige freie Flächen, auf denen man prima Formeln und Rechenansätze notieren konnte ...«

Pensionär Hans-Heinrich K. (68) aus Pinneberg:
»... Beliebt waren bei uns lateinische Übersetzungen vom Latein ins Deutsch und umgekehrt. Reclam lieferte rechtzeitig für Schüler in Nöten die kleinen Hefte. Exakt und textsynchron konnte man unter der Bank jeweils ohne große Mühe niederschreiben, was Reclam hervorragend im Druck vorschrieb. Das Übel allerdings war: Mein Lateinlehrer hatte in die Texte einige Abänderungen eingewoben. Wir hingegen vertrauten blind auf Reclam. Der Nachweis des Schummelns war für Dr. Trommnau denkbar einfach ...«

Büroangestellte Heidelinde W. (47) aus Kiel-Mettenhof:

»...Für eine unheimlich schwere Geschichtsarbeit in der 10. Klasse hatte mir mein damaliger Freund mit einem tollen Trick geholfen. Wir schnitten jeweils an der schmalen Seite einer rechteckigen Pappe eine senkrecht verlaufende Rille. Durch diese beiden Rillen habe ich dann eine Heftzwecke gesteckt und das Ganze an der Unterseite meiner Schulbank befestigt. Auf der Pappe standen natürlich sämtliche wichtigen Geschichtszahlen und -fakten, die ich während der Arbeit prima aus meiner »Schublade« abrufen konnte...«

Studienrat Werner K. (36) aus Rendsburg

»...Sehr überrascht war ich, als mir ein ehemaliger Schüler nach dem Abitur erzählte, daß er seinen Schummelzettel immer unter dem Yoghurtbecher, der auf seinem Tisch stand, versteckt hielt. Seitdem sehe ich diese Pausensnacks mit anderen Augen und kann es mir nicht verkneifen, bei meinen Schülern neugierig unter Schulbrote und Kakaotüten zu gucken. Ich selber habe früher meine Griechisch-Vokabeln auf einem langen ineinander gefalteten Streifen Papier geschrieben. Mit einer solchen Schummel-Ziehharmonika, die ich stets in der linken Hand hielt, war es mir letztendlich doch noch gelungen, mit Hängen und Würgen das kleine Graecum zu erhalten...«

Einzelhandelskaufmann Dietmar S. (45) aus Hamburg-Eppendorf:

»...Ich selber habe früher nur in den Physikarbeiten, die mir ein Greuel waren, gespickt. Dabei habe ich den Schummelzettel an die Unterseite meines Rechenschiebers geklebt. Wenn ich dann den schmalen Stab des Rechenschiebers nach rechts bewegte und den Eindruck erweckte, daß ich fürchterlich am Rechnen sei, konnte ich ohne viel Mühe die aufgeschriebenen Formeln einsehen...«

Student Georg D. (22) aus Neumünster:

»...Seit etwa einem Jahr kann man Kugelschreiber kaufen, mit denen man auch radieren kann. Diese Stifte eignen sich hervorragend, wenn ein Kommilitone einem beim Anfertigen einer Klausur helfen will, er selber aber die Arbeit nicht zu bestehen braucht. Wenn wir nun während einer schriftlichen Prüfung unsere Arbeiten austauschen, muß ich nur seinen Namen ausradieren und stattdessen meinen eigenen aufschreiben. Wichtig ist nur, daß wir beide gleiche Kugelschreiber benutzen. Diese Methode funktioniert hervorragend, weil sie auch bei Ausweis- und Abgabekontrollen angewendet werden kann...«

Schülerin Sigrid F. (18) aus Schleswig-Jagel:

»...Bei manchen Schulbüchern wird der Lehrstoff in relativ schmalen Spalten abgedruckt. In solchen Fällen kann man die Seiten mit einem Kopiergerät verkleinern und gleich in der richtigen Größe als Schummelzettel zerschneiden. Wenn man die kopierten Textspalten anschließend aneinanderklebt und zu einem handlichen Format faltet, hat man ohne viel Aufwand einen umfassenden Schummelzettel. Damit man während der Klassenarbeit zügig vorankommt, empfiehlt es sich, die Überschriften im Text farbig zu unterstreichen...«

IX. Begriffserläuterungen für Outsider

Golden Circle keine Eislauffigur, aber eine dem Schwierigkeitsgrad eines dreifachen Rittbergers entsprechende Glanzleistung im paarweisen Klausurenaustausch.

Schnallung hat weniger etwas mit dem Wort Schnalle zu tun als vielmehr damit, daß man sein Fachwissen (oder die Schummelzettel) gegurtet parat hat.

Pinkelschein ärztliche Bescheinigung, die nicht nur besagt, daß man noch pinkeln kann, sondern sogar eine verstärkte Harnsekretion vorzuweisen hat.

Milchmädchenrechnung nicht folgerichtige Addition von Argumenten zu einem falschen Schluß.

Lehrbuch ist leider kein Leerbuch — mit dem man sich eher anfreunden könnte —, da es mit Seiten und Druckbuchstaben gefüllt ist. Es soll der sogenannten Wissensvermittlung dienen.

Gratwanderung geistiger Gang eines Schüler oder Studenten, der krampfhaft versucht, eine noch ausreichende Leistung zu erbringen.

Chronische Nervosität krankhafte Unruhe und Panik, meist vor Prüfungen, die sich hoffentlich nach dem Lesen dieses Buches einstellen.

Autoritätsperson	hilfesuchender Begriff von Lehrern oder Dozenten, die sich zumindest verbal Respekt verschaffen wollen.
Quartaner	Pennäler der 7. Klasse, der noch einen langen Weg vor sich hat.
Vorschreiben	Leistungsnachweis in Heimarbeit, um während der Arbeit oder Klausur weniger Fragen beantworten zu müssen.
Bogen-Ziehen	Höhepunkt der Vorschreibmethode, wenn der Bogen aus der Tasche auf den Tisch befördert wird.
Ghostwriter	glücklicher Wissender oder mit Skripten und Lehrbüchern hochgepäppelter Kontaktmann, der einem beim Abfassen einer Arbeit hilft.
Schummelabwehr-System	krampfhafter Versuch, das Schummeln einschränken zu wollen.
Auge des Herrn	mit mehr oder weniger großer Kurzsichtigkeit ausgestattete Augen von Lehrern und Dozenten.
Schnurz	gleichgültig, uninteressant; Komparativ = schnurz-piep.
Objektiver Leistungserwerb	theoretische Forderung des KUMI. Ähnlich illusionär wie eine objektive Bewertung.
Schummelerfolg	Ziel eines jeden Tricksers, unter anderem auch, um wichtige Punkte für die begehrte Trophäe des »Goldenen Füllers« zu sammeln.
Externer Speicher	um den sensiblen Kopf nicht zu überlasten, auf einem kleinen Zettel festgehaltenes Wissen.

Flotte Feder kein Indianername, sondern die Fähigkeit, zügig und schnell zu schreiben.

Schummelzettel »Ei des Kolumbus«, dessen Erfindung die Schul- und Ausbildungswelt grundlegend beeinflußt hat.

Kultusministerium Sitz und heiliger Ort des obersten Pädagogik-Adlers, der auf den Kosenamen KUMI hört.

Pädagogikdrachen märchenhafte Beschreibung eines Lehrers, dessen Verhalten weniger traumhaft ist.

Klassenleuchte nach den Leistungskriterien der Notengebung ein hervorragender Schüler, der geistig meist 1000 Watt mehr produziert als der Durchschnitt der Klasse.

Hilfsbedürftige durchaus sympathische Schüler oder Studenten, die in ihrer Lebensführung meist außerschulische Schwerpunkte setzen.

Nachschreiber je nach Typ und Vorbereitung glücklicher oder vom Schicksal geschlagener Schüler, der eine Prüfung nachholen muß.

Klassenverband keine sanitäre Binde, sondern die Zusammenfügung von mehreren Schülern zu einer Gruppe.

Notfall Prüfungssituation, in der man stark gefährdet ist, »aufzuditschen« oder »abzugehen wie ein Diskus« — Gefahr des Vergeigens.

Nervenkostüm	innere Verfassung des Schülers oder Studenten, der entweder Nerven wie Drahtseile (a) oder Nerven wie Kaugummifäden (b) hat.
Schummelkompromiß	Lösungsversuch von Leuten, die sich weder für Sekt (Profischummeln) noch für Selters (Lernen) entscheiden können.
Krähengeschrei	ähnlich dem Urschrei zu vernehmende Lautäußerungen von Mädchen, die in Panik geraten.
Streßklausur	schriftliche Prüfung, die den »ganzen Mann« (mit seinen Schummelzetteln) erfordert.
Konstante Bosheit	Slangausdruck für »mit penetranter Wiederholung«
Anlupfen	graziöses Anheben von Klausurbögen oder Klassenarbeitsheften.
Pennäler/Pauker	ewige Antagonisten, ähnlich wie Feuer und Wasser
Klausur	schriftlicher Einzelleistungsnachweis an Unis und Fachhochschulen.
Mitschüler/Kommilitone	mitleidender Kollege an Schule/Uni
Stat./ambul. Verf.	stationäre (z. B. an der Tischfläche) oder variable Schummelmethoden.
Aufsichtsperson	Lehrer, Dozent oder Hilfswilli, der durch mehr oder weniger starke Aktivitäten das Schummeln einleitet oder zu verhindern sucht.

Über die Kante ziehen ähnlich der Gratwanderung eine Arbeit oder Klausur *gerade noch* schaffen.

Klausurenzeit Zeitraum im Semester, wo die Nacht zum Tag gemacht wird, um sich »kurz und heftig« (aber bestimmt!) auf die Prüfungen vorzubereiten.

Clou besonders raffinierter und klug ausgetüftelter Schummeltrick

Benefizveranstaltung handfeste Unterstützung und Hilfsaktionen zum Wohl eines Schülers oder Studenten, der Gefahr läuft, eine allesentscheidende Prüfung nicht zu packen.

Schlußwort

Den einen wird es vielleicht traurig stimmen, für manch anderen mag es das langersehnte Ende eines grauenhaften Traumes sein: Die letzte Seite dieses Buches ist gekommen!
Bevor ich mich nun auf eine eventuelle Einladung zur Kultusminister- und Rektorenkonferenz vorbereite, möchte ich noch einige richtigstellende Wort plazieren. Auch wenn eine sehr bildhafte Darstellung des Schummelns gewählt wurde, so handelt es sich dennoch keineswegs um ein Märchen! Außerdem sind die für Lehrer und Dozenten verwendeten Synonyma keinesfalls ablehnend gemeint, sondern vielmehr als »pädagogisch-didaktische Hilfsmittel« zur Vermittlung des Lernstoffes zu verstehen. — Pädagogen können ja sicherlich bestätigen, wie schwer es ist, eine nachhaltige Wissensvermittlung ohne »audiovisuelle oder mediendidaktische Hilfen« zu erzielen. — Auf diese Weise soll auch die abschließende Anekdote eingeordnet werden, von der ich allerdings nicht weiß, ob sie sich tatsächlich so begeben hat.
An einem als besonders autoritär verschrienen Hamburger Gymnasium soll es einen Lehrer gegeben haben, der nur noch ein Auge besaß. Anstelle des zweiten Auges trug er ein Glasauge, das er freundschaftlich »Egon« nannte. Nun ergab es sich, daß wieder einmal eine Griechisch-Arbeit in der Oberprima geschrieben werden mußte. Nachdem die Pauker die Klassenhefte und den zu übersetzenden Text verteilt hatten, sprach er zu den Primanern: »Ich muß jetzt noch mal kurz ins Lehrerzimmer, aber ich werde in fünf Minuten zurück sein.« Bevor er nun den Raum verließ, geschah das Unglaubliche. Der sonst so humorlose Pauker nahm plötzlich sein Glasauge heraus und legte es auf das Katheder mit den mahnenden Worten: »Und daß ihr mir nicht auf die Idee kommt zu schummeln; EGON sieht alles!«

Zur Person des Autors

1957 geboren, hat der Autor während seiner schulischen Karriere acht Lehranstalten, fünfzehn männliche und drei weibliche Nachhilfelehrer in die Knie gezwungen sowie sechs Studienräte (vorwiegend Mathematik-, Physik- und Chemielehrer) zum Schulwechsel oder zur vorzeitigen Pensionierung veranlaßt.
»Goldener Turnschuh« für Jahresbestleistung im Schulstundenschwänzen (127 Fehlstunden) bei gleichzeitiger Versetzung in die nächste Klasse.
Mit 18 Jahren wegen untragbarer körperlicher Mängel von der Bundeswehr ausgemustert.

Weiterer Werdegang:
1977—1979: 2jährige Ausbildung in einem wirtschaftlichen Beruf, was zu der Erfahrung führte, daß Kenntnisse aus der Praxis meist in völligem Gegensatz zum Schulwissen stehen. Seitdem versucht der Autor, sich im wesentlichen an der Wirtschaftswirklichkeit zu orientieren.
Seit 1979 versuchte man vergeblich, ihm an einer norddeutschen Hochschule Benehmen und wirtschaftliches Wissen beizubringen. Es war ihm jedoch gelungen, dieser Bemühung durch unkontrolliertes Fehlen auszuweichen. Seit Studienbeginn des Autors wird in der Kultusministerkonferenz vermehrt von einer Wiedereinführung der Prügelstrafe, Anwesenheitspflicht und Regelstudienzeit gesprochen. Im Januar 1983 erfolgte die Auszeichnung mit dem Diplom-Titel.

An alle Bürger dieser Republik: Besorgt euch dieses Überlebensbuch gegen Bürokratenwillkür und Datenverarbeitung. Es liefert wirkungsvolle Tricks und Tips zum Ärgern der Beamtenseele. Das ist konstruktive Subversion, wie wir sie lieben. — Für alle, denen die verwaltete Welt stinkt.
10,— DM (031)

Er ging als Türke, ließ sich als Katholik in Beichtstühlen zur Bundestagswahl beraten, mischte sich unter Neo-Nazis, ließ sich als Ladendieb erwischen... Und jedesmal nahm ihn die Umwelt als das, was er spielte: Kromschröder wurde als Türke aus dem Lokal geschmissen, vor sündigen Sozialisten gewarnt... In Amerika, der UdSSR, Frankreich, der Türkei, Spanien druckt man seine Reportagen nach. Wir bringen die besten in: »Ansichten von innen«;
19,80 DM. (047)
Und die aufsehenerregendste: »Als ich ein Türke war«;
nur 16,80 DM (048)
mit großformatigen Fotos und umfangreicher spannender Dokumentation. — Politische Bildungsangebote, die sich wie Thriller lesen!

Das berühmte Anti-Lexikon. Von Grund auf überarbeitete und erweiterte Neuauflage. Die hervorragendsten menschlichen Unzulänglichkeiten — hier sind sie versammelt. Westdeutscher Rundfunk: »Seit das Lexikon der Niederlagen erschienen ist, kann das Guinness-Buch der Rekorde einpacken.«
16,80 DM (041)

Eine Sammlung, die es bisher nicht gab: derbe, aufmüpfige, listige, zweideutige, gescheite, erfrischende, aggressive und lustige Sprichwörter. — »Wenn die Zähne weg sind, hat die Zunge freies Spiel!« Stimmt doch. Oder? — Über 1200 schnodderige Sprichwörter für alle Lebenslagen, locker illustriert von Dö.
16,80 DM (042)

Vorurteile sind Schwachsinn, der tödlich enden kann. Es gibt harmlos blöde Vorurteile: »Blondinen sind dumm.« Und grauenerregende, die in Auschwitz endeten. Hier stehen Hunderte absolut gebräuchliche Vorurteile beisammen. Heilsame Lektüre, die hin- und herreißt zwischen Entsetzen und Lachkrämpfen.
16,80 DM (044)

Die größte Sponti-Spruch-Sammlung aller Zeiten. 3 Bände. Alle authentisch aus Unis, Schulen, besetzten Häusern und Aborten. Die ZEIT nennt unser Werk »eine archaische Form von Literatur: Zaubersprüche der Spontis«. Je Band **5 DM** (085/7)

Geniale Blödeleien mit grotesken Zeichnungen von Graf Pocci. **5 DM** (074)

Die verrücktesten Geistesblitze der Liebeswerbung. **5 DM** (076)

Neue politische Witze blühen. Von den frechsten ein Sträußchen! **5 DM** (098)

Die treffendsten Sprüche vom Aufklärer Lichtenberg. **5 DM** (080)

Die deftigsten und stärksten Sprüche vom alten Luther. **5 DM** (081)

Brillante Bildungssplitter aus dem Gesamtwerk Nietzsches. **5 DM** (082)